Dr. Heinz Schmoll

Siamkatzen

Geschichte, Farbschläge, Pflege
und Haltung, Neuzüchtungen
und verwandte Rassen
16 Fotos im Text

**Landbuch
Verlag**

Bildnachweis

Umschlagfoto: Siam Seal Point

Farbfoto: Reinhard-Tierfoto
Horst Bielfeld: Fotos S. 14, 22, 23, 44, 67, 76
Inge Eckelmann/Pressehuset: Fotos S. 38, 50, 58, 63, 83, 95
Helene Schmoll: Fotos S. 6, 55, 57

© Landbuch-Verlag GmbH, Hannover, 1993
3., überarb. Auflage

Lektorat: Eva Maria Maas, Hannover
Gesamtherstellung: Landbuch-Verlag GmbH, Hannover
ISBN 3 7842 1214 X

Inhaltsverzeichnis

So viele Katzen wie noch nie

Katzen sind in diesen Jahren bei uns in so viele Stadtwohnungen als inniggeliebte und verhätschelte Hausgenossen eingezogen wie nie zuvor.

Erst waren es einfach Katzen. Stämmige deutsche Kurzhaarhauskatzen, süße Kätzchen, getigert, gestromt, gescheckt, gefleckt, manche auch einfarbig weiß, grau oder schwarz – letztere aus uralten Aberglaubensresten weniger begehrt, weil insgeheim noch immer etwas gefürchtet.

Katzen, die man nach altgewohnter Weise Miezmiez rief oder Muschi, denen man ein Wollknäuel zum Spielen gab, denen man das obligatorische Milchtellerchen hinsetzte, grüne Bohnen und Mohrrüben mit Soßenresten. Darf man das eigentlich? Genaues wußte der katzenunerfahrene Stadtmensch ja in jener grauen Vorzeit über die Katzenernährung nicht!

Katzen, denen man sogar dann und wann ein Teelöffelchen Schabefleisch gab. Welcher Leichtsinn, so doch der Krieg erst ein paar Jahre zurücklag! Katzen, von denen man sich großzügig und ohne zurückzukratzen kratzen ließ, denen man so manches Stück der neu erstandenen Einrichtung opferte, manche Gardinenschnur, manche Teppichfranse, manche vordem ansehnliche Polstersesselrückseite.

Und warum? Beileibe nicht, damit diese ins Haus genommenen Katzentiere Mäuse fingen. Sondern aus Spaß, aus Liebhaberei, Sport oder Passion. Vielleicht aus einem unerklärlichen Bedürfnis nach Nähe, nach der hautnahen Intimität eines ganz und gar gesunden, seiner selbst herrlich sicheren und daher unproblematischen Geschöpfes.

Dann kamen die sechziger, siebziger Jahre und mit ihnen die Edelkatzen, die es vorher hier und da natürlich auch schon (genauer gesagt: bei uns etwa seit hundert Jahren) gegeben hatte, kamen die wildzärtlichen, hinreißend schönen, schlanken, drahtigen Siamesen, die prächtigen, seidenweichen Per-

Ferienglück: Der Autor und sein Seal Point-Siamese Timur als Gäste auf der Adria-Insel Losinj.

ser und viele andere Schmuserassekatzen. Aber besonders die Siamesinnen und Siamesen eroberten im Sturm die Herzen.

Die Siamesen kamen, wir sahen sie, sie siegten. Welch faszinierende Geschöpfe sind es aber auch! Gleich die ersten, die – zunächst nur ganz vereinzelt – in den letzten zwei, drei Jahrzehnten des vorigen Jahrhunderts von reisenden Kaufleuten, Diplomaten und Verwaltungsbeamten oder deren Frauen aus Südasien nach Europa herübergebracht wurden, erregten die staunende Verwunderung und Bewunderung der Menschen.

Die Siamkatzen-Story – Geschichten und Geschichte

Die Katzen, die vor gut hundert Jahren aus Siam nach Europa kamen, gehörten wahrscheinlich zwei verschiedenen Rassen an. Die einen hatten ein hell-rehfarbenes Fell mit schwarzbrauner Spitzenfärbung, also jene Farbstellung, die später Seal Point genannt wurde; damals bezeichnete man sie als Royal Siamese, also Königssiamesen. Die anderen waren dunkler in der allgemeinen Fellfarbe, und man nannte sie Chocolate. Man darf sie nicht gleichsetzen mit den heutigen Chocolate Point, die einen erst in den letzten Jahrzehnten neu herausgezüchteten Farbschlag der Siamkatze darstellen. Die damaligen Chocolate dürften eher unserer heutigen Burmakatze geähnelt haben; sie hatten auch keine blauen, sondern grünliche Augen. Sie wurden an Beliebtheit schnell von den Königssiamesen überflügelt und fanden bald nach der Jahrhundertwende kaum noch Beachtung. Auch die offizielle englische „Cat Fancy" förderte nur noch die Zucht der Royal Siamese, deren Färbungsmuster ja auch viel charaktervoller, aparter, ungewohnter wirkte.

Bereits bei den ersten Katzenausstellungen, die Anfang der siebziger Jahre des vergangenen Jahrhunderts im Londoner

Crystal Palace stattfanden, wurden einige wenige Siamkatzen gezeigt. Wenn dies also auch die ersten Siamesen waren, die man in Europa lebend zu Gesicht bekam, so ist die erste Abbildung, die von einer Siamkatze bei uns bekannt wurde, doch noch fast hundert Jahre älter.

Sie wurde 1794 von dem Naturforscher Peter Simon PALLAS auf seiner Studienreise zum Kaspischen Meer angefertigt und nach Deutschland mitgebracht. Der Forscher erwähnt in der dem Kupferstich beigegebenen Beschreibung, diese eigenartige, mittelgroße Katze habe eine höchst bemerkenswerte Fellfärbung: am Körper hellkastanienfarben, während Ohren, Gesichtspartie um die Augen herum, Pfoten und Schwanz ganz schwarz seien. PALLAS erwähnt übrigens auch, daß diese sonderbaren Katzen sich wilder benommen hätten als unsere Hauskatzen.

Eine der ersten ausführlichen Beschreibungen der Siamkatze stammt aus der Feder eines gewissen Professor OUSTALET und erschien in der französischen Zeitschrift „Magasin Pittoresque". Dort heißt es, diese Katzen ähnelten in nichts unseren Hauskatzen. Ihr Haarkleid sei hell bis reinweiß, Nase, Ohren, Schwanz, Pfoten dagegen seien dunkelbraun. Hier handelte es sich somit eindeutig um eine Royal, also eine Seal Point. Allerdings erwähnt Professor OUSTALET, daß die dunkelbraunen Pfoten oft weiße Spitzen hätten. Dies gilt heute bei Siamkatzen als schwerer Fehler.

Aus allen Beschreibungen der Anfangszeit geht deutlich hervor, daß es vor allem die spezifische Siam-Spitzenfärbung war, die allgemein beachtet und bewundert wurde, weniger der „Typ" (Körper- und Kopfform usw.).

Die Namen einiger dieser Katzen aus der „Pionierzeit" sind sogar überliefert. So wird berichtet, daß aus dem Siamkatzenpaar Pho und Mia, das 1884 ein gewisser Owen GOULD, der Bruder des britischen Generalkonsuls in Bangkok, seiner Schwester nach England mitbrachte, jene Siamesen-Nachkommen gezüchtet worden seien, die im Oktober 1855 in der

17. Katzen-Ausstellung im Londoner Crystal Palace mit vielen ersten Preisen ausgezeichnet wurden. Ein anderes Siamkatzenpaar aus jener Zeit, die Katzendame Susan und der Kater Tiam o'shian, soll das Stammelternpaar rund der Hälfte aller heute in England anzutreffenden Siamesen sein.

Wenn es um die Herkunft von Edelkatzen geht, ist immer viel Legendäres mit Historischem verwoben, Geschichten mit Geschichte. Das trifft besonders auch auf die Siamkatze zu.

Es begann gleich bei jenem schon erwähnten Mr. GOULD, von dem es hier hieß, er habe Royal Siamese persönlich vom König von Siam als Geschenk und hohe Auszeichnung erhalten. Es wurde erzählt, es sei mit unglaublichen Schwierigkeiten verbunden, auch nur eine dieser Katzen aus Siam herauszubekommen. Die Katzen würden in den buddhistischen Tempeln ihres Heimatlandes verehrt. Und im Königspalast in Bangkok würden sie als eine Art Wachhund gehalten: Wenn jemand unerlaubt in den Palast eindringe, sprängen ihm die Palastkatzen auf die Schultern, um ihn mit ihren Krallen zu bearbeiten und so lange gellend zu schreien, bis die Wachposten einträfen.

Eine andere Geschichte erzählt, daß immer, wenn ein Mitglied des königlichen Hauses starb, eine seiner Lieblingssiamesen mit ihm zusammen bestattet wurde. Und wenn es ihr gelang zu entweichen, galt dies als Zeichen, daß die Seele des Verstorbenen in den Körper der Katze eingegangen sei.

Bisweilen nahmen diese um die Siamkatze gewobenen Legenden geradezu groteske Züge an. So wurde jahrzehntelang erbittert darum gestritten, ob eine wahrhaft königliche Siamesin, also eine echte Palastkatze, korrekterweise einen Knickschwanz haben dürfe oder nicht. Es war dies ein Streit nicht um den Bart des Kaisers von Siam, wohl aber um der Siamkatze Schwanz. Begonnen hatte es damit, daß um 1890 herum eine Bobtail-Siam, also eine durch Erbanomalie kurzschwänzige Siamkatze, aus Asien nach England kam. Aus unerfindlichen Gründen verbreitete sich das Gerücht, „eigent-

lich" müßten alle Königssiamesen einen solchen Stummel-
schwanz oder doch mindestens einen Knoten oder Knick im
Schwanz haben. Und auch entsprechende Legenden hatte
man schnell zur Hand. So wurde folgendes hübsche Märchen
über den Ursprung des Knotens im Siamesenschwanz erzählt:
Einst wollte eine Thaiprinzessin ins Bad steigen, und um ihren
Ring nicht zu verlieren, zog sie ihn vom Finger und streifte ihn
ihrer Lieblingssiamkatze auf den Schwanz. Da ihr dies aber
immer noch nicht sicher genug erschien, machte sie einen
Knoten in die Schwanzspitze. Seitdem haben alle wirklich
königlichen Siamkatzen angeblich einen Knotenschwanz.

Eine andere Geschichte zum gleichen Thema: In alten
Zeiten wollte sich eine Siamkatze an etwas Wichtiges erinnern
und machte sich darum einen Knoten in ihren Schwanz. Aber
als sie am nächsten Tag den Knoten sah, konnte sie sich nicht
daran erinnern, woran sie sich erinnern wollte, und auch
später fiel es ihr auch nicht ein. So gab sie all ihren Kindern,
Kindeskindern usw. den Knoten im Schwanz weiter; aber bis
zum heutigen Tage konnte sich keine Siamkatze an das Wichtige erinnern.

Trotz dieser Legenden setzte sich unter den Wissenschaft-
lern doch die Ansicht durch, daß der Knickschwanz ein Zeichen von Inzucht und Degeneration sei, also nicht „könig-
lich", sondern höchst unerwünscht. Heute ist man übereinge-
kommen, bei Siamkatzen allenfalls einen leichten, nur fühlba-
ren Knoten an der Schwanzspitze zu tolerieren.

Manche von diesen Geschichten wird auch heute noch
erzählt und geglaubt – so vor allem die Legende, daß die
Siamkatze in ihrer Heimat nur in den Klöstern und im Königspalast gelebt habe. Dabei hat bereits im Jahre 1901 ein wißbe-
gieriges Mitglied des Siamese-Cat-Club, also des Londoner
Siamkatzenklubs, ganz offiziell bei der Botschaft des Köni-
reiches Siam – dem heutigen Thailand – in London recher-
chiert, wie es sich in Wahrheit damit verhielte. In der Antwort, deren Wahrheitsgehalt bis heute nicht überholt ist, heißt

es u. a.: „Die gewöhnliche Katze in Siam ist allgemein eine getigerte oder schwarze Katze. Die Varietät, die in England als Siamkatze bekannt ist, ist in Siam verhältnismäßig selten. Dieses rehfarbene Tier mit den dunklen Abzeichen und blauen Augen wird allenfalls in Bangkok etwas häufiger gezüchtet, weil es dort mehr Leute gibt, die derartigen Hobbys ihre Zeit widmen können . . . Die Katzen sind etwas empfindlich, ausgesprochen aristokratisch, haben viel Würde, bilden feste Freundschaften, sind auch sehr freundlich zu Hunden und haben Spaß an der Jagd und an Sport jeder Art . . . Der König von Siam hat keinerlei besondere Katzenzucht, und es werden auch keine Siamkatzen für ihn im Palast gehalten. Es gibt keine Königskatze von Siam . . . Auch gibt es keinerlei religiöse Verehrung der Siamkatze."

In der Antwort der Botschaft wird ferner hervorgehoben, daß die einfache Bevölkerung des Landes alle hellfarbigen oder weißen (Albino)-Tiere mit abergläubischer Ehrfurcht betrachtet, weil unter den Buddhisten Weiß eine heilige Farbe ist. So erwartet man z. B., daß der weiße Elefant eine der Formen ist, in der Buddha zur Erde zurückkehren wird.

Wenn es also auch bloß Legende ist, daß die Siamkatze als heilige Tempel- und Palastkatze gelebt hat, so nimmt ihr das doch nichts von ihrem besonderen Nimbus.

Sicher ist, daß die Siamkatze in ihrer Heimat nur in den Häusern und abgeschlossenen Gärten der Wohlhabenden gezüchtet und gehalten wurde. Sie blieb immer in vornehmer Distanz gegenüber den anderen „gewöhnlichen" Katzen des Landes, die sich auf Straßen und Plätzen zeigten. Diese Abgeschlossenheit war schon deshalb erforderlich, weil sich nur so diese Teilalbino-Katzenrasse mit ihren charakteristischen dunklen Abzeichen genetisch erhalten ließ. Bei jeder Kreuzung mit irgendeiner anderen Katze geht nämlich das Siamfarbmuster bei den Nachkommen unweigerlich verloren, da es gegenüber anderen farblichen Erbfaktoren rezessiv (zurücktretend) ist.

Etwas Besonderes war die Siamkatze also tatsächlich immer, wenn sie auch nicht „heilig" war. Aber das hätte zu ihrem Wesen auch gar nicht gepaßt. Die Schweizer Katzenautorin Trudi FLURY schreibt einmal sehr hübsch über ihre Siamkatze Sima: „Meine heilige Tempelkatze! Bis jetzt rechtfertigt Sima diese Bezeichnung in keiner Weise. Sie ist das unheiligste, frechste Geschöpf weit und breit und würde umgehend aus jedem Tempel hinausgejagt!"

Vom Seal Point bis zu den neuen Siam-Farbschlägen

Vor dem ersten Weltkrieg war und blieb das Halten von Siamkatzen in England und auf dem Kontinent eine Beschäftigung weniger Wohlhabender. Das Züchten dieser anspruchsvollen Edelkatzen war vor allem eine Liebhaberei reicher Damen. Ein sehr kostspieliger und dabei noch mit vielen Enttäuschungen verbundener Sport. Denn Siamkatzen waren in jener Zeit noch ungewöhnlich empfindlich, und sie erreichten selten ein Alter von mehr als drei Jahren. Gegen die zahlreichen Infektions- und Erkältungskrankheiten, für die sie anfällig waren, hatte man noch keine Mittel.

In Deutschland waren Siamkatzen damals besonders selten. Auf einer der ersten deutschen Katzenausstellungen – sie fand noch vor der Jahrhundertwende in Mannheim statt – zahlte man für eine zweieinhalb Monate alte Siamkatze 700 Goldmark! Während für eine Angora auf derselben Ausstellung nur 60 Mark verlangt wurden.

Zwischen den beiden Kriegen änderte sich die Situation in Europa gründlich. Zunächst leider nicht zum Besseren. Viele der ehedem reichen Angehörigen der Cat Fancy waren arm geworden und machten sich über andere Dinge Sorgen als über Siamkatzen. Gut durchgezüchtete Tiere gab es immer weniger. Vor allem auf dem Kontinent kümmerte man sich nicht mehr sonderlich um Blutführung und Typus. Die Stammbäume wurden schlampig geführt, die Preise verfielen. Sogar in Frankreich und der Schweiz waren Siamkätzchen für wenig Geld zu haben. Bei einer im Jahre 1924 im Hotel St. Sebald in Nürnberg veranstalteten deutschen Katzenausstellung waren von 120 gezeigten Katzen lediglich zwei Siamesen! (Zum Vergleich eine andere Zahl: von 3 548 Edelkatzenstammbäumen, die vom Deutschen Züchterverband im Jahre 1972 ausgestellt wurden, waren 1 002 Siamesen.)

Aber um die Mitte der 30er Jahre gab es eine Wende zum Besseren. Mit der Blue Point wurde jetzt auch zum ersten Mal eine neue Farbvarietät anerkannt. Bis dahin war des Seal-Point-Färbungsmuster das bei Siamkatzen einzig gewünschte, und alle anderen Farbvarianten waren, wenn sie einmal von Natur aus auftraten, unterdrückt oder zumindest züchterisch nicht weitergeführt worden. Das wurde jetzt plötzlich anders. Und in den ersten beiden Jahrzehnten nach dem zweiten Weltkrieg kamen noch weitere Farbschläge dazu.

Vor allem aber war es ein neuer, allgemein anerkannter Standard, der zu der ungeahnten Karriere der Siamkatzen in Europa beitrug. Dieser Standard definierte für die Züchter ein sportlich-viriles Siam-Modell, das begeistert aufgenommen wurde: Eine sehr schlanke, sehr langgliedrige Katze mit schmalem, keilförmigem, fast windspielartigen („marderähnlichem") edlem Kopf, „rassiger" als die etwas rundlichere Siamkatze von ehedem. Sozusagen eine Siam in Stromlinie.

Die neuen Farbschläge wurden gleich auf den neuen, schlankeren Siamtyp hin gezüchtet, und so ergaben sich bezaubernde, elegant wirkende Tiere, die bei all ihrer nervigen Kraft zart und kostbar wirkten. Nach der Blue Point kam als zweite neue Varietät die Chocolate Point (mit milchschokoladenfarbenen Abzeichen). Auch diese Farbstellung war bereits früher gelegentlich „vorgekommen", aber dann als schlecht gefärbte Seal behandelt worden. Erst in den 30er Jahren begannen die Züchter, Chocolates reinzuzüchten. 1950 erhielten sie ihre Anerkennung.

Der **Lilac Point** (mit lila-rosa Abzeichen) ging es ähnlich. Sie war, wenn sie einmal durch Zufall in einem Wurf aufge-

Siamkatze, Blue Point.

tauscht war, immer nur als schlecht ausgefärbte Blue Point angesehen worden, bis sie endlich 1960 – nach einigen Jahren der Reinzüchtung – als eigener Siamfarbschlag Anerkennung fand.

Später kam noch eine milchweiße **Cream Point** Siamkatze hinzu, mit cremefarbigen Abzeichen und rosa Nasenspiegel und Fußballen.

In den 60er Jahren haben die Züchter auch die Anlage für die Fellfärbung „Rot" für ganz neue Siam-Farbvarietäten „eingefangen".

Auch die Anlage für Streifenzeichnung wurde durch Einkreuzungen eingebracht.

Um das bei Siamesen bis dahin nicht vorkommende Rot genetisch einzufangen, nahm man Britisches (Europäisches) Kurzhaar mit der entsprechenden Färbung als Partner für erstklassige Seal Point Siamesen. Das Ziel war eine Katze von möglichst vollkommenem Siamtyp mit hellem einfarbigem Haarkleid am Körper und gelblich-roter Spitzenfärbung. Um das Streifenmuster einzufangen, nahm man gestreiftes Europäisches Kurzhaar. Das Ziel war eine Katze mit Siamtyp, hellfarbigem Haarkleid und gestreiften Abzeichen. Die neuen Farbschläge wurden 1966 anerkannt. Die Siamesen mit roten Abzeichen bekamen die Bezeichnung **Red Point.** Bei den Siamesen mit gestreiften Abzeichen wurde man sich zunächst über den Namen nicht einig. Man schwankte zwischen Luchs (Lynx Point), Tiger Point und Schatten (Shadow Point), wählte schließlich aber die Bezeichnung **Tabby Point,** da „tabby" im Englischen die Bezeichnung für gestreifte oder scheckige Katzen ist. Tabby Points gibt es in den Farben Seal, Red, Cream, Lilac, Blue und Chocolate. Aus diesen Neuzüchtungen ergab sich eine weitere, allerdings nur bei weiblichen Siamesen. Die Varietät bezeichnet man als **Tortie Point** (nach tortoise = Schildkröte). Sie wurde in Seal, Lilac, Chocolate und Blue gezüchtet. Schließlich gibt es noch die **Tortie-Tabby Points** in Blue, Chocolate und Lilac.

Wichtige Entscheidungen:
Was für eine Siamkatze möchten Sie?

Sie sehen, Sie haben die Wahl zwischen recht verschiedenen oder jedenfalls verschiedenfarbigen Schlägen, wenn Sie eine Siamkatze zu sich ins Haus nehmen wollen. Und die Frage, welche Farbe es sein soll, wird für Sie vielleicht nicht so leicht zu beantworten sein.

Die Wahl zwischen Seal, Blue, Chocolate, Lilac usw. ist aber noch gar nicht die einzige Entscheidung, die Sie treffen müssen; andere sollten Sie noch gründlicher überlegen. Denn eine Katze nimmt man nicht einfach zum Spiel für heute und morgen; man nimmt sie auch als eine Art Lebensgefährtin für zehn, fünfzehn, vielleicht zwanzig Jahre.

Vor dem Kauf ist also zu überlegen, ob man in einem so langen Zeitraum die notwendige Zeit hat, sich täglich mit dem Tier zu beschäftigen und es – auch im Krankheitsfalle – zu pflegen. Man muß sich fragen, was man mit der Katze unternimmt, wenn man Urlaub machen möchte. Hat man genügenden Platz, um sie unterzubringen? Vor der Anschaffung einer Katze muß man – wenn man Mietbewohner ist – unbedingt das Einverständnis des Vermieters einholen, um spätere Auseinandersetzungen zu vermeiden. Auch muß geklärt sein, ob alle Familienmitglieder mit der Anschaffung des Tieres einverstanden sind. Ferner sollten Sie darauf achten, ob ein Familienmitglied zu allergischen Reaktionen neigt. In diesem Fall bitte Ihren Hausarzt konsultieren und feststellen lassen, ob möglicherweise eine Allergie gegen Katzen vorliegt.

Da es sich um eine Siamkatze handelt, müssen noch weitere, spezielle Fragen berücksichtigt werden. Ist man ruhig und ausgeglichen genug, um sich mit einer Siam eine – besonders in jungen Jahren – äußerst lebendige Katze mit unter Umständen recht lautstarker Stimme ins Haus zu holen? Stimme und Lebendigkeit sind zwei der Eigenschaften, die der Siamkatze ihre große Attraktivität verleihen. Sie können aber auch Nachteile mit sich bringen. So müssen Sie sich bereits vor der Anschaffung fragen, ob Sie darüber hinwegsehen können, daß die Katze beim Umhertollen auf Vorhänge und Möbel möglicherweise ebenso wenig Rücksicht nimmt wie auf Ihr eigenes Ruhebedürfnis.

Wenn alle diese Fragen zufriedenstellend beantwortet sind, müssen Sie sich noch entscheiden, ob Sie eine Kätzin oder einen Kater möchten.

Wollen Sie „nur" ein Tier fürs Haus oder haben Sie züchterischen Ehrgeiz? Wollen Sie eine Siamesin, die womöglich das Zeug zum Champion oder Internationalen Champion in sich hat? Oder tolerieren Sie ein paar kleine „Fehler", sofern es nur eine schlanke, ranke, seidig-muskulöse, temperamentvolle „wilde", weiche Siamkatze ist mit strahlenden, tiefblauen Mandelaugen?

Sie selbst müssen sich darüber klar werden, was Sie haben wollen, was sie bezahlen wollen. Auch hier hat nämlich alles seinen Preis. Und dieser Preis ist nicht nur in Geld zu entrichten, sondern auch in Zeit, Aufmerksamkeit, Pflege, Widmung, Geduld, Liebe.

Der offizielle Siam-Standard

Hier zunächst ein paar Anhaltspunkte dafür, wie die „vollkommene" Siamkatze aussieht, wie sie aussehen soll. Ein Steckbrief für das Siamkatzenideal sozusagen, ein Siamkatzen-Musterbild. Es wurde im offiziellen Rassestandard festgelegt.

Für jede Katzenrasse, ob Langhaar oder Kurzhaar, ob Europäisch oder Orientalisch, und für die verschiedenen Farbschläge gibt es jeweils einen besonderen „Standard". Sie wurden von den nationalen Züchter- und Liebhaberverbänden und vom Dachverband, der Fédération Internationale Féline (FIFE), definiert und numeriert. Langhaar trägt die Rassenummern 1 bis 13 mit Spielarten a, b, c usw. Kurzhaarkatzen, zu denen auch die Siamesen gehören, tragen die

Rasse- und Farbnummern 14 bis 36. Für Katzen mit Kräusel-
haar (Rex) gibt es die Nr. 33, für die blaue Koratkatze Nr. 34
und für die Foreign White Nr. 35.

Die Farbschläge der Siamkatze bekamen die Nummern 24
und 32, jeweils mit verschiedenen Buchstabenbeifügungen für
die einzelnen Farbvarietäten.

Es sind vor allem optische Merkmale, die der offizielle
Rassestandard festlegt: allgemeiner Typ und Gestalt, Kopf-
und Körperform, Form und Farbe der Augen, Art (Textur)
und Länge des Fells, Farbe des Haarkleides am Körper und
Farbe der Abzeichen (Points), also von Maske, Ohren, Beinen, Füßen, Schwanz.

Die perfekte Siamkatze – gleich welchen Farbschlages – soll
im wesentlichen folgende Merkmale zeigen:

Gesamt- eindruck:	Eine Katze mittlerer Größe, viril, muskulös, dabei aber zierlich. Wohlausgewogene Pro- portionen, harmonisch in den Verhältnissen von Körper, Gliedern, Kopf und Schwanz.
Typ und Form:	Körper lang, schlank, geschmeidig.
Hals:	Lang, graziös, muskulös.
Kopf:	Lang, schmal, in geraden Linien sich keilför- mig zur langen Nase und feinen Schnauze hin verjüngend.
Augen:	Orientalisch (mandelförmig), schräg zur Na- se. Strahlend klares, tiefes Blau. Keine Nei- gung zum Schielen. Lebhafter, aufmerksa- mer, intelligenter Ausdruck.
Ohren:	Weit auseinander, ziemlich groß und aufge- stellt, breit und offen an der Basis.
Beine:	Lang und schmal. Hinterbeine etwas höher als die Vorderhand, wodurch der Rücken nach hinten etwas ansteigt.
Pfoten:	Klein und oval.

Schwanz:	Lang, schlank und zugespitzt („Peitschen-schwanz"), gutes Verhältnis zum Körper.
Fell:	Sehr kurz und anliegend, glänzend und fein in der Textur.

Diese Merkmale gelten als Idealstandard. Und zwar für alle Siam-Farbschläge.

Nun hat man im Laufe der letzten Jahre durch entsprechende Züchtung erreicht, daß die „moderne" Siamesin noch hochbeiniger, der Körper noch schlanker, die Kopfform mit den größeren Ohren dreieckiger, keilförmiger geworden ist.

Allerdings widersetzten sich einige Züchter dieser Entwicklung. Sie züchteten den „alten" Siamtyp, mit kräftigerem Körperbau und rundlicherem Kopf, weiter, um auch zu versuchen, die gesundheitlichen Störungen, die sich durch die „Verzüchtung" ergeben haben, auszuschalten.

Damit der Unterschied zwischen der „modernen" überschlanken Siamkatze und der Siamesin „alten" Typs deutlich wird, hat man letzterer den neuen Namen „Thaikatze" gegeben. Sie wurde zunächst in den USA und seit 1990 auch in Deutschland von einigen freien Verbänden anerkannt und hat einen eigenen, vom Deutschen Edelkatzen e. V. erstellten sehr ausführlichen Standard, der dem alten Siam-Standard bis Ende der Vierziger Jahre entspricht.

Der Standard der „Thaikatze" in gekürzter Form:

Mittelgroße Katze von robustem, aber elegantem Typ, rundlicher Statur, guter Muskulatur, exzellent proportioniert, mit gerundetem Kopf, mandelförmigen Augen, leicht gerundeter Schnauze, mittelgroßen Ohren, einheitlicher Abzeichenfarbe (Maske, Ohren, Beine, Füße, Schwanz), leuchtend blauen Augen, anliegender Textur des Fells. Die Farbe des Fells und die Farbe der Abzeichen sollen gut kontrastieren.

So, nun wissen Sie schon eine ganze Menge darüber, worauf Sie bei der Wahl einer Siamkatze achten können. Welche Ansprüche Sie stellen, ist ein Teil ihrer Entscheidungen.

Wenn Sie züchten wollen, werden Sie Ihre Erwartungen hoch anlegen.

Damit Sie auch die Farbschläge unterscheiden und beurteilen können, hier das Wichtigste in Stichworten.

Siam Seal Point (24)

Dies ist die traditionelle Siamfarbe. Seal Points sind die Stammeltern aller späteren Siam-Varietäten. Sie zeigen das charakteristische Siam-Bild (helles Körperfell mit dunkler Spitzenfärbung, also Abzeichen) am eindrucksvollsten, weil am kontrastreichsten.

Körperfarbe:	Einfarbig Creme (sandfarben), auf dem Rücken in blasses, warmes Rehbraun übergehend. Junge Kätzchen sind heller in der Färbung.
Abzeichen: (Points)	Maske, Ohren, Beine, Füße, Schwanz gleichmäßig „Seal", also schwarzbraun. Die Maske ist (außer bei jungen Kätzchen) durch dunklere Streifen mit den Ohren verbunden. Alle Abzeichen sollen in der Farbe klar umgrenzt, also gegen die Umgebung deutlich abgesetzt sein und möglichst stark kontrastieren.

Siam Blue Point (24a)

Körperfarbe:	Eisfarben, auf dem Rücken allmählich in helles Eisblaugrau übergehend.
Abzeichen: (Points)	Maske, Ohren, Beine, Füße, Schwanz einheitlich „blau" (Ohren sollen nicht noch dunkler sein). Nasenspiegel und Fußballen sind schiefergrau.

Siam Chocolate Point (24b)

Körperfarbe:	Elfenbein. Leichte milchschokoladenfarbene Schattierung ist möglich.

Abzeichen: (Points)	Einheitlich milchschokoladenfarbig. Ohren nicht dunkler. Nasenspiegel und Fußballen sind zimtfarben.

Siam Lilac Point (24c)

Körperfarbe:	Magnolienweiß; eventuell mit leichter Schattierung ins Pink-Grau.
Abzeichen: (Points)	Eisgrau mit rosa Schimmer. Nasenspiegel und Fußballen sind blaß lila.

Siam Tabby Point (32)

Körperfarbe:	Blaß, ohne Zeichnung.
Abzeichen: (Points)	Ohren einfarbig dunkel ohne Streifen, heller Wildfleck. Nasenspiegel schwarz, braun und rosa. Maske mit klar umgrenzten dunklen Streifen, besonders um Augen und Nase. Augenlider schwarz umrändert. Deutliche Markierungen an den Wangen. Dunkel getupfte Schnurrhaarkissen. Beine mit verschieden langen unterbrochenen Streifen. Auf der Rückseite einfarbig dunkel. An den Füßen keine Zeichnungen. Schwanz mit verschieden großen, klar abgegrenzten dunklen Ringen. Schwanzspitze einfarbig dunkel.

Siam Red Point (32a)

Körperfarbe:	Schneeig weiß, kann auf dem Rücken ins Aprikosenfarbige spielen. Kätzchen sind blasser.
Abzeichen: (Points)	Maske strahlend rotgolden. Beine und Füße rotgolden oder aprikosenfarbig. Schwanz strahlend rotgolden. Streifen an Maske, Beinen, Schwanz gelten bei diesem Farbschlag nicht als Fehler. Nasenspiegel, Fußballen sind rosa.

Eine Siam Tabby Point mit den Merkmalen der „Thaikatze" . . .

Siam Tortie Point (32 b)

Körperfarbe: Creme oder rehfarben.

Abzeichen: Ohren Seal-schwarz mit roten Sprenkeln
(Points) oder rot mit Sealsprenkeln. Maske Seal-
schwarz mit Creme und/oder Rot gefleckt
(Schildpatt). Füße entsprechend der Mas-
kenfärbung marmoriert. Schwanz entsprechend. Nasenspiegel schwarzbraun, rosa
oder schwarzbraun gefleckt.

Siam Cream Point (32 c)

Körperfarbe:	Milchweiß.
Abzeichen: (Points)	Creme oder aprikosenfarbig. Gesicht und Beine Creme. Ohren, Nase und Schwanz hell aprikosenfarbig. Nasenspiegel und Fußballen rosa.

. . . und eine „moderne" Siam Lilac Point mit schlankerer Erscheinungsform.

In den vergangenen 20 Jahren sind mehr als ein Dutzend weiterer Siam Tortie und Siam Tabby Points in den Farben Blue, Chocolate, Cream, Lilac, Red und Seal gezüchtet worden. Darunter auch Siam Tortie Tabby Points.

Der internationale Begriff „Tabby" bedeutet „gestromt, getigert, gestreift". „Tortie" heißt „gefleckt, gesprenkelt, marmoriert". Diese beiden Bezeichnungen gelten für die Abzeichen bei sonst einfarbigem, oft leicht schattiertem Körperfell.

Kleine und große Fehler

„Nur Allah ist vollkommen", sagen die mohammedanischen Teppichknüpfer und arbeiten kleine Fehler und Unkorrektheiten in ihre Muster. Seien auch Sie also bei der Wahl Ihres Siamkätzchens nicht zu versessen darauf, ein Muster an Vollkommenheit zu erwerben. Wie schon erwähnt wurde: Nur wenn Sie züchten wollen oder wenn Sie Ausstellungsehrgeiz haben und Preise gewinnen möchten, werden Sie so anspruchsvoll wie möglich sein.

Einige schwere Fehler allerdings sollte Ihre Siamkatze möglichst nicht aufweisen. Diese können Sie, falls vorhanden, recht leicht erkennen. Hier sind sie:

1. Weiße Pfoten

Was bei der „Heiligen Birma", einer langhaarigen Rassekatze mit Siam-Farbmuster (wahrscheinlich aus einer Kreuzung von Siam und Perser reingezüchtet), als Charaktermerkmal zwingend gefordert wird, nämlich vier weiße „Handschuhe" oder „Strümpfe", ist bei einer Siam ein schwerer Fehler. Weiße Pfoten oder Zehen – sogar nur ein einziger weißer Handschuh – führen bei Ausstellungen unweigerlich und automatisch zur Disqualifikation einer Siamkatze. Das betreffende Tier könnte im übrigen noch so edel und vollkommen sein: Weiß an den Points ist unverzeihlich. Zu Recht, denn es stört wirklich die Harmonie des Erscheinungsbildes einer Siamkatze.

2. Schielen

Ein Siamkätzchen mit „Silberblick" ist allerliebst. Und mancher stolze Besitzer einer leicht schielenden Siamesin möchte gerade diesen „schrägen Blick" aus strahlend blauen, frech-fröhlichen Mandelaugen um nichts in der Welt missen. Trotzdem muß einiges dazu gesagt werden.

Ab und zu verträumt oder elegant zu schielen ist einer Siamprinzessin selbst nach den strengen Gesetzen des Standards „offiziell gestattet". Und auch ein Siamkater darf mal in spielerischer Wut, mit peitschendem Schwanz und zuckendem Rückenfell emotionsgeladen „um die Ecke schauen". Was im Standard als „unerlaubtes Schielen" gilt, das ist ständiges Schielen. Also wenn es so aussieht, als würden die Augen ständig die Nase fixieren.

Angeborenes Schielen kommt bei Katzen fast nur in der Siamrasse vor. Und da nicht auszuschließen ist, daß dieser Augenfehler (er beruht auf einer ererbten Schwäche des Augenmuskels) später zu schlimmeren Augenleiden, Fehlsichtigkeit und vielleicht auch anderen Handikaps und Verhaltensstörungen führen kann, sollten Sie, wenn Ihre „Liebe auf den ersten Blick" zufällig auf eine schielende Siamkatze gefallen ist, Ihre Wahl noch einmal überdenken.

3. Knickschwanz

Dies ist ein weiterer kleiner Schönheitsfehler bei Siamkatzen. Er tritt heute nicht mehr häufig auf. Lange wurde heftig darum gestritten. Manche Züchter hielten den Knickschwanz nämlich gar nicht für einen Fehler, sondern für einen Vorzug. Sie meinten allen Ernstes, nur Siamkatzen „mit Knick" seien legitime Nachkommen der alten Palastkatzen. Da diese angeblich alle den „königlichen Knick" gehabt hätten, würden nur knoten- und knickschwänzige Siamesen zum Weiterzüchten taugen. Dieser Aberglaube hat viele Jahre lang die Entwicklung wirklich erstklassiger Siamkatzen beeinträchtigt.

In Wahrheit handelt es sich beim Knickschwanz nicht um ein Adelsprädikat, sondern um eine rezessiv vererbte Anomalie. Die derzeitigen „Regeln" in dieser Frage besagen, daß nur ein leichter, mit den Augen nicht wahrnehmbarer, also nur tastbarer Knick („Kink") an den letzten 1 bis 1½ cm der Schwanzspitze kein Fehler im Sinne der Standard-Punktbewertung ist.

Beim deutlich sichtbaren Knickschwanz kann es sich um ein degeneriertes Merkmal handeln, das möglicherweise noch andere körperliche Schwächen der betreffenden Katze „signalisiert". Wenn Sie zwischen zwei sonst gleich schönen, lebendigen, aufgeweckten Siamkatzen zu entscheiden haben, von denen die eine einen vorbildlichen glatten Peitschenschwanz hat, die andere dagegen die besagte Schwanzwirbelverdickung – wählen Sie die ohne „königlichen Knick"!

Was über die Siamkatzen nicht im Standard steht: Begabung, Temperament, Charakter

Im Rassestandard der nationalen Cat-Fancy-Verbände und der FIFE werden vor allem sichtbare Merkmale für die Siamkatze und ihre verschiedenen Farbschläge beschrieben. Nach diesen optischen Kriterien erfolgt auch bei Ausstellungen und Konkurrenzen die Bewertung jeder einzelnen Katze. Charakter, Intelligenz, Temperament, Charme, Grazie von Bewegung und Haltung, Schärfe der Sinne und Reaktionen und nicht zuletzt auch die Stimme werden von den Punktrichtern nicht zur Bewertung herangezogen. Dies wäre praktisch an zwei Ausstellungstagen für Hunderte von Katzen nicht durchführbar.

Auch die Herkunft einer Katze, ihre biologische, genetische Geschichte, interessiert den Ausstellungsrichter nicht. Den

„Stammbaum" (besser: Abstammungsnachweis) bekommt er überhaupt nicht zu Gesicht. Er hat sich ausschließlich nach der Punktordnung des Standards zu richten.

Folgende Punktskala wurde für die Siamkatzen (sie gilt auch für Orientalisch Kurzhaar) festgelegt:

Maximal 100 Punkte:

Körper (Beine, Füße, Schwanz)	25 Punkte
Kopf (Augen, Ohren)	25 Punkte
Augenfarbe	15 Punkte
Fell (Farbe, Textur)	30 Punkte
Kondition	5 Punkte

Sie sehen also: 95 von 100 möglichen Punkten gibt es ausschließlich für optische Merkmale. Diese machen einzeln oder in der Summe aber noch keine Siamkatze aus.

Man hat gelegentlich scherzhaft darauf hingewiesen, daß eine Siamkatze ohne Ohren, falls sie in allen übrigen „Punkten" perfekt dem Standard entspräche, auf etwa 90 Punkte und damit „eigentlich" zu hohen Ausstellungsehren kommen könnte. Das trifft aber nicht zu. Denn der Standard fordert außerdem noch (ganz wichtig!): Eine Siamkatze muß „in den Proportionen von Kopf, Ohren, Hals, Körper wohlausgewogen" sein. Eine solche Harmonie wäre bei einem ohrenlosen Monster ausgeschlossen.

Immerhin – theoretisch könnte, wenn es nur nach den „Punkten" des Standards ginge, eine in ihren äußeren Merkmalen vollkommene, aber stumme Siamkatze mit 100 Punkten Siegerehren gewinnen. Dies Beispiel mag illustrieren, daß der „Standard" eben wirklich nicht „alles" umfaßt. Denn: eine Siamkatze ohne Siamstimme – was wäre das schon?

Oder eine Siamkatze ohne ihr wild-ausgelassenes, dann wieder zartfühlendes, sanftes Temperament? Ohne ihr rücksichtslos kesses Draufgängertum, ihren Mut, ihren Witz, ihre Unerschrockenheit? Ohne ihr wildes, derbes, dann wieder tänzerisch elegantes Spiel? Ohne ihren noblen Charakter, ihre Aufmerksamkeit, ihr unermüdliches, munteres Dabeiseinwollen, das viel, viel mehr ist als nur schmeichelndes Auf-dem-Schoß-Sitzen? Ohne ihre Lernfreude und Lernfähigkeit?

Diese Eigenschaften der Siamkatze können die Punkte des Standards nicht „festlegen". Sie geben also nur einen kleinen Teil jener Bewertungsskala, die für den Liebhaber gilt.

Der Siam-Charakter

Wer sich die Mühe – und das Vergnügen – macht, einmal zusammenzutragen, welche charakteristischen Eigenschaften die verschiedensten Autoren von Katzenbüchern, Artikeln, Gedichten (Baudelaire!) der Siamkatze zuerkannt haben, findet neben vielen allgemein „kätzischen" Zügen, wie schmeichelnder Zärtlichkeit, Unabhängigkeit, Eigenwilligkeit, Verspieltheit, Neugier, List, Ausdauer, Geduld, Vorsicht, auch eine ganze Reihe weiterer Eigentümlichkeiten und Begabungen, die verraten, daß die Siamkatze tatsächlich immer wieder als etwas Besonderes, ja Fremdartiges unter den Katzen angesehen wurde und wird.

Die Amerikanerin Margaret COOPER GAY schreibt in ihrem klassischen Buch „Umgang mit Katzen": „Die Siamkatze, Traum der meisten Katzenliebhaber, schlank und elegant und überaus gescheit, hat ihren ganz besonderen Charme. Sie ist exotisch, kapriziös, dabei ohne jeden Hochmut, wodurch sie sich von anderen Katzen unterscheidet. Sie hängt zärtlich und liebevoll am Menschen."

Marcel RAENEY, der in seinem liebenswürdigen Buch „Die Katzen" reizende Geschichten von seiner Siamesin Cha-Ming erzählt, betont die Würde und Beherrschtheit der Siamkatze, Eigenschaften, die bei einem so temperamentvollen Tier bemerkenswert sind. Er zitiert auch Madame GAUINGAND, die die Siamkatzen „die kleinen Wildtiere der Dschungel" nennt und sie so beschreibt: „Sie sind sehr intelligent, haben ihren Herrn sehr gern und sind ihm so anhänglich, daß sie sogar vor Sehnsucht sterben! Eine Siamkatze, von der wir uns trennen mußten, siechte dahin, obwohl man sich viel mit ihr beschäftigte; als man sie an einen weit entfernten Ort brachte, verstand sie, daß sie uns nicht mehr wiedersehen würde; sie hörte mit dem Fressen auf und ging zugrunde. Ein Tier, das so anhänglich ist, ist auch sehr eifersüchtig, von jener blinden Eifersucht, die grausam kein kann. Hat man daher eine Siamkatze, so muß sie sehr verhätschelt werden, und wenn im Hause mehrere Kinder sind, muß sie immer die Erste sein. Denn wehe, wenn sie den geringsten Verdacht hat, daß sie zurückgesetzt wird. Sie ist der Mittelpunkt des Hauses. Wer eine Siamkatze besessen hat, wird selten zu einer anderen Rasse übergehen."

Eine modernere, nüchterner urteilende Autorin, Dr. Ulla SCHULTZ-ROTH, schreibt in ihrem „Katzenbuch": „Ob Siamesen intelligenter sind als andere Katzen, ist fraglich. Durch ihr lebhaftes, aufgeschlossenes Temperament sind sie sehr gelehrig und lassen sich leicht erziehen. Sie fordern direkt dazu auf, ihnen etwas beizubringen. An der Leine können sie laufen lernen, beinahe wie ein Hund."

Man hat sogar gesagt, von allen Katzen sei die Siamesin dem Hund am ähnlichsten. Wohl wegen der direkten Zuwendung, wegen ihrer starken Bezogenheit auf den Menschen. Tatsächlich ist das etwas, was man bei Katzen sonst nicht findet. Nur die Siamkatze schaut dem Menschen so ruhig und lange unverwandt und direkt in die Augen, wenn sie mit ihm oder er mit ihr spricht. Diese fast „persönlichen" Blicke aus den tiefblauen Augen gehören zu der rätselhaften Faszination, die von ihr ausgeht.

Sie braucht die menschliche Nähe; auf kätzische Gesellschaft kann sie eher verzichten. Sie liebt das Beisammensein mit „ihren" Menschen, das möglichst intensive Beisammensein.

Eine Siamkatze möchte Ihnen immer von Zimmer zu Zimmer folgen. Manchmal in der Art des Hundes, fast „bei Fuß". Dann wieder jagt sie an Ihnen vorbei, daß Sie Mühe haben, nicht zu stolpern. Eine Siamesin macht Sie zu einem stets hellwachen, überraschungsgefeiten Menschen. Dabeisein will sie immer. Sogar wenn sie schläft – und das oft auf dem höchsten Schrank der Wohnung. Der liebste Platz ist aber selbst für die wildeste Siamkatze der Schoß des geliebten Menschen. Weitere Plätze: warmer Fernseher, Sessellehnen, Fensterbretter, Bett, Wäscheschleuder (also Vorsicht: hineinschauen, bevor man das Gerät anstellt); nicht jedoch ihr Katzenkörbchen.

Wenn sie allein in der Wohnung bleiben muß, weiß sie mit sich nichts anzufangen. Dann schläft sie stundenlang an einem Platz. Allein zu spielen, ist so ganz gegen ihre Natur. Erst wenn man zurückkommt, wird sie wieder lebendig. Erzählt, knabbert im Futternapf, putzt sich und lädt zum Spielen ein. Siamkatzen brauchen eines vor allem: zärtliche Ansprache. Wer ihnen das nicht bieten kann und wer sie zu oft einen halben oder ganzen Tag lang in der Wohnung allein lassen muß, der solle keine Siamkatze adoptieren.

Gibt es Temperamentsunterschiede bei den Farbschlägen?

Ist eine Seal Point wirklich „wilder" als eine Blue Point? Ist eine Lilac ganz besonders zärtlich und sensibel?

Dagmar THIESS deutet in ihrem übrigens vorzüglich illustrierten Buch „62 Katzen in Farbe" gewisse Unterschiede an. Aber wenn sie schreibt: „Verständig, gesprächig, anschmiegsam, eigenwillig und schelmisch-verspielt ist die Sealpoint-Siamesin", so gilt dies doch eigentlich nicht nur für die Seal Point, sondern gleichermaßen für alle anderen Siamschläge.

Nun hat der bekannte amerikanische Züchter Milan GREER in seinem Buch „The Faboulous Feline" aber auch präzisere Unterscheidungen zwischen verschiedenen Farbschlägen mitgeteilt. So erkennt er den Seal Point Siamesen Derbheit („rowdyness") und Impulsivität zu. Er meint, die Blue Points seien im Westen feiner („refined") nicht so rüpelhaft. Außerdem freundlicher und geselliger. „Der Seal Point springt in deinen Schoß, ohne auch nur einen Augenblick zu zögern.

Der Blue Point drängt und schmeichelt sich behutsam hinein."
Und der Chocolate Point? Er wartet darauf, daß man ihn
einlädt! Der Chocolate Point Siamese sei auch sonst, meint
Milan GREER, noch delikater in der Grazie seiner Bewegungen, er habe eine besonders sanft-vornehme, scheue Zurück-
haltung. Fremden gegenüber sei er furchtsam. Die Lilac
Points sollen nach dieser Beschreibung noch etwas scheuer
sein als die Chocolates, aber auch noch gelehriger.

Vielleicht finden Sie selbst einmal heraus, wieviel an diesen
abgestuften Charakterbildern stimmt. Wahrscheinlich bleibt
doch immer der Siamcharakter – wie er sich im Seal Point am
eindeutigsten offenbart – die Basis der Temperamente.

Was der Siam-Standard noch verschweigt:
Die Stimme!

Wer seine Siamkatze zum ständigen häuslichen Begleiter oder
zur Hausgenossin wählt, der verändert damit unweigerlich
auch die „akustische Stimmung". Von nun an ist da etwas in
seinen vier Wänden, das zwar nicht ständig, aber leidenschaftlich gern und unermüdlich plappert, fragt, bittet, erzählt,
raunzt, quäkt, gurrt, schnurrt, singt oder trompetet.

Katzenfreunde, die nicht zu den ausgesprochenen Siam-
Liebhabern zählen (tatsächlich, die gibt es!), schmähen diese
Stimme oft in Wort und Schrift, weil sie zu laut sei, zu
krächzend oder heiser, zu fordernd.

Sicher, laut ist sie, bisweilen. Manchmal ertönt sogar –
völlig unerwartet, überraschend, unmotiviert, wie man meint
– ein jaulender, schaurig-schöner Urwaldschrei irgendwoher
und zieht einem eine Gänsehaut über den Rücken.

Dann muß man den Schreihals natürlich zur Ruhe mahnen.
Etwa mit einer Zeitung drohend auf die Hand klatschen. Das
lenkt ihn ab und hilft, manchmal. Solche wilden Dschungel-
schreie sind meist gar nicht ernst gemeint, sondern pure Lust

am Leben und vermutlich Vergnügen an der eigenen Stimmgewalt.

Aber keine Sorge! Auch eine Siamkatze vermag nicht fortgesetzt zu jaulen. Sie tut es nur dann und wann, weil sie sich sonst um die Wirkung brächte. (Das Schreien und Rufen der rolligen Siamkätzin ist etwas anderes. Davon später.)

Siamesen verfügen über eine stimmliche Palette, die viel breiter ist als die jeder anderen Katze. Sie können babyhaft greinen (um auf sich aufmerksam zu machen), Laut geben wie ein Teddybär, zirpen wie ein Vogel, weinen wie eine Schlafpuppe, die man zur Ruhe bettet. Sie können näselnd musizieren, hinauf und hinunter, wie ein Fagott, das in der Orchestergrube eingespielt wird.

Und dann die kunstvollen Sprechübungen und Vokal-Etüden: das langgezogene „a", das breite offene „e", das abgrundtiefe, sonore „o", die herrlichen, lang über vier bis fünf Sekunden geschleiften Doppellaute „iao", „uiao", bis hin zum wilden „uai". Das drohende Knurren, wenn ungebetener, fremder Besuch kommt.

Wer sich eine Siamkatze ins Haus nimmt, der muß das alles lieb haben können. Nicht nur die blauen Strahl-Augen. Nicht nur die tänzerische Eleganz der Glieder. Nicht nur das kluge, rätselhafte Masken-Gesicht, sondern auch die Stimme.

S. und H. DENHAM, erfahrene Katzenzüchter und Richter, charakterisieren es in ihrem Buch „The Siamese Cat" so: „Alle Katzen drücken ihre Gefühle in größerem oder geringerem Ausmaß stimmlich aus. Aber keine andere Katze erreicht die Siamesen. Sie haben eine ganz eigenartige, ihnen eigene Sprache, und sie benutzen ihre Stimmen nicht nur dazu, darauf aufmerksam zu machen, daß die Essenszeit da ist, sondern um über alles und nichts ihre Kommentare zu machen. Manche Siamesen sprechen mehr als andere, aber alle sprechen mehr als andere Katzen. Fazit: Wer überempfindliche, nervöse Ohren hat, der wähle zum kätzischen Hausgenossen lieber eine Perser.

Das „Rufen"

Es kommt noch ein Weiteres. Es kommt der Frühling, und mit ihm der Drang des Geschlechtes. Für Siamesen ist aber fast das ganze Jahr hindurch Frühling! Sie sind wild und temperamentvoll.

Margaret COOPER GAY sagt: „Die Nachtgeister sind in bezug auf Geheul bei den läufigen Siamkatzen in die Lehre gegangen." Sicher, alle geschlechtsreifen Kätzinnen schreien mehrmals im Jahr lautstark nach ihrem Kater. Aber Siamkatzen sind auch hierin unbestrittene Meister. Die DENHAMS geben ohne Beschönigung zu, daß selbst für den leidenschaftlichsten Siamesenliebhaber (unter den Menschen) das Tonvolumen einer rolligen Siamesin nervenstrapazierend ist: „Es vermag sich zu einem Non-Stop-Jaulen zu entwickeln, das an die 50 Meter weit zu vernehmen ist. Man muß es selbst einmal gehört haben, um es für möglich zu halten. Das muß immer wieder zu Protesten ruhebedürftiger Nachbarn führen, sobald die merken, daß das Geschrei von einer Katze und nicht von einem Baby kommt."

Manche Siamesenhalter haben versucht, schalldichte Körbchen für ihre leidenden Siamesinnen zu konstruieren. Natürlich vergeblich. Nur der Besuch beim Kater (also Züchten) oder die Entfernung von Eierstöcken und Gebärmutter durch den Tierarzt beendet das quälende, immer häufiger auftretende Rolligwerden (der nicht regelmäßig gedeckten Katze).

Auch der Siamkater mäßigt, wenn er vom Tierarzt kastriert ist, die Intensität seiner Stimme. Die Erziehung zu etwas größerer Schweigsamkeit erfordert Geduld – noch einige Wochen nach der Operation. Aber es gelingt dann, in einer ruhigen Umgebung die sehr anpassungsfähige, einfühlsame, lernwillige Siamkatze dazu zu erziehen, daß sie nachts den Mund hält.

Nur in ungewohnter Umgebung – z. B. im Hotel – wird sie dann manchmal noch rückfällig. Oder wenn ihr wirklich einmal was fehlt.

Vielleicht wartet Ihre Siam
schon irgendwo auf Sie

Wahrscheinlich werden Sie eine Jungkatze im Alter von zwölf Wochen suchen. In manchen Fällen ist es allerdings ratsam, mit der Übernahme zu warten, bis die junge Siamkatze schon etwa 16 Wochen alt ist. Sie braucht dann nicht mehr vier, fünf Mahlzeiten täglich. Margaret COOPER GAY sagt: „Gewissenhafte Züchter verkaufen Siamkätzchen nicht vor dem fünften Monat. Infolge ihrer langsamen Entwicklung bleiben sie lange kätzchenhaft." Andere Katzen können bereits mit neun oder zehn Wochen ohne Schaden von der Mutter weggenommen werden. Bei Siamesen geht das nicht.

Eine zwölf Wochen alte Katze hat ein verantwortungsbewußter Züchter auch schon pflichtgemäß vom Tierarzt gegen Katzenseuche, die mit Magen- und Darmstörungen auftritt, und Katzenschnupfen impfen lassen. Der Züchter wird Ihnen auf Ihre Bitte den Impfpaß aushändigen. Auch die Entwurmung sollte durch den Züchter vorgenommen worden sein.

Die Wiederholungsimpfungen im Abstand von zwei bis drei Wochen müssen Sie vom Tierarzt vornehmen lassen. Ebenso die Leukose-Schutzimpfung. Vor der Leukose-Schutzimpfung ist es notwendig, daß der Arzt durch eine Blut- oder Speichelprobe feststellt, ob sich die Katze nicht bereits infiziert hat. Ist der Befund negativ, kann die zweimalige Grundimmunisierung (früher waren es drei) gegen diese Infektionskrankheit erfolgen.

Eine Tollwut-Schutzimpfung empfiehlt sich bei freilaufenden Katzen besonders in tollwutgefährdeten Gegenden.

Selbst für einen Kenner ist es schwer, mit Sicherheit einem Kätzchen anzusehen, ob daraus einmal eine perfekte Siamkatze werden wird. Ein Tip: Nehmen Sie nicht unbedingt das „Süßeste"! Eine gut durchgezüchtete Siamkatze von zwölf Wochen sieht eckig, mager und schlaksig aus. Ein Bauernkätzchen im gleichen Alter wirkt viel „herziger". Erfahrungsgemäß entwickeln sich etwas „tölpelhaft" wirkende Siamkätzchen zu bildschönen Tieren.

Eine Hilfe bei der Wahl der Siamkatze ist der Stammbaum. Dieser wird in der Regel, ohne daß Sie danach zu fragen brauchen, vom Züchter vorgelegt. Prüfen Sie die Eintragungen, bevor Sie sich entscheiden.

Der Stammbaum muß vom Zuchtbuchamt des 1. Deutschen Edelkatzenzüchter-Verbandes e. V. ausgestellt, unterschrieben und gestempelt sein. Es ist ein Dokument, das die Namen der Vorfahren der Katze bis zur 5. Generation enthält, ferner deren Rassenummern sowie die Namen der Zwinger.

Zwar ist der Stammbaum keine Schönheits-, sondern eine Abstammungs-Urkunde; aber er kann Ihnen Hinweise geben, was in dem Jungtier steckt.

Wenn Sie unter den Eltern, Großeltern, Urgroßeltern oder in der 4. oder 5. direkten Vorfahrenlinie Ihrer „Zukünftigen" eine imposante Reihe von „Champions" oder „Internationalen Champions" (das sind die höchsten Auszeichnungen) entdecken, ist das eine Empfehlung für die Jungkatze und ein wichtiger Wertmaßstab. „Champion" und „Internationaler Champion" werden mit den Abkürzungen „Ch" bzw. „Ch. Int." jeweils vor dem Namen der mit diesem hohen Prädikat ausgezeichneten Katze angegeben; außerdem erscheint ein Champion oder Internationaler Champion in roter Schrift auf dem Stammbaum.

Sollten Sie unter den Vorfahren der kleinen Siamkatze, mit der Sie liebäugeln, keinerlei Sieger-Tiere finden, so brauchen Sie deshalb aber nicht zu resignieren. Das bedeutet durchaus nicht „automatisch" irgendetwas Negatives. Viele erstklassige Siamkatzen werden von ihren Besitzern – aus allen möglichen Gründen, etwa weil diese das ganze Ausstellungswesen nicht mögen – nie auf Katzenausstellungen gezeigt, konnten also auch nie Auszeichnungen gewinnen.

Da oft noch weitere (auch geringere) Auszeichnungen im Stammbaum angegeben werden, hier die dabei verwendeten

Abkürzungen in der Reihenfolge ihres Ranges:

„s. g." = sehr gut. Eine sehr schöne Katze, die aber kleine Fehler hat, die indessen das Gesamtbild nicht beeinträchtigen.

„v" = vorzüglich. Ein fehlerloses Tier. Hier gibt es außerdem noch die Abstufungen „v 1", „v 2" und „v 3", was soviel wie „vorzüglich 1. Preis" usw. bedeutet.

„CAC" = Certificat d' Aptitude de Championnat. Anwartschaft auf den nationalen Siegertitel „Champ".

„CACIB" = Certificat d' Aptitude de Championnat Internationale de Beauté. Anwartschaft auf den Siegertitel „Internationaler Champion".

Nun werden Sie wissen wollen, wie man überhaupt erfährt, wer Siamkatzen abzugeben hat, und zu welcher Jahreszeit man sie im richtigen Alter bekommen kann.

Zunächst zur Terminfrage: Jungtiere in jedem Alter gibt es praktisch „quer durch den Kalender". Das liegt daran, daß sich die Geburtenhäufigkeit von Siamkätzchen fast gleichmäßig über das Jahr verteilt. Nach einer Mehrjahres-Statistik, die weit über 1 000 Würfe umfaßt, war der Dezember mit etwa 4 % der geburtenschwächste Monat, der Monat April mit 10,7 % der Würfe der geburtenstärkste. In neun Monaten des Jahres lag die Häufigkeit der Würfe zwischen etwa 8 % und 10,7 %.

Die Adressen zuverlässiger Siamkatzenzüchter können Sie beim 1. Deutschen Edelkatzenzüchter-Verband e. V. Berliner Straße 13, 6334 Aßlar, erfragen. In der Verbandszeitschrift „die edelkatze" finden Sie außerdem ständig Anzeigen von Züchtern.

Wenn Sie Ihre Katze direkt vom Zwinger übernehmen, gibt es die wenigsten Enttäuschungen. Stören Sie sich nicht an dem etwas hart klingenden Wort „Zwinger". So nennt man nun einmal jede von einem Zuchtverband anerkannte Zuchtstätte (mit geschütztem Zwingernamen). Mancher Zwinger ist weiter nichts als das Wohnzimmer in einem Einfamilienhaus und gehört einer netten, ebenso kinder- wie katzenfreundlichen

Familie. (Eine Siamkatze aus solch einem Zwinger mit Familienanschluß ist meist eine gute Wahl.)

Viele kleine Siamkatzenzüchter halten nur ein, zwei oder drei Zuchtkatzen. Von drei Zuchtkätzinnen an können vorbildlich gehaltene Katzenzwinger prämiert werden. Sie tragen dann das Prädikat „Empfehlenswert".

Das Züchten von Siamkatzen wird häufiger als Liebhaberei denn als „Nebenerwerb" betrieben. Der Kaufpreis, der im allgemeinen für ein Siam-Jungtier zu erzielen ist, deckt kaum die Kosten, die ein Züchter hat.

Direkt beim Züchter zu kaufen hat viele Vorteile. Dort können Sie sich ein Bild davon machen, unter welchen Bedingungen die jungen Katzen aufgewachsen sind, und von welchen Menschen sie aufgezogen und gepflegt wurden. Die Kätzchen erfahren nur einmal den Wechsel der Lebensbedingungen (Umgebung, Ernährung usw.), vom Züchter in ihr neues Zuhause, und sind damit keinen weiteren Umstellungen oder Streßsituationen ausgesetzt, die möglicherweise sogar eine erhöhte Anfälligkeit für Krankheiten verursachen können.

Tiere, die bei einem Züchter „mit Familienanschluß" aufwachsen, leben sich später in ihrem neuen Heim schneller ein, sind in der Regel von vornherein Menschen und Kindern zugetan, anhänglich, zärtlich, anpassungswillig und fröhlich. Erfahrene Züchter und Katzenhalter bestätigen auch, daß solche Jungkatzen keine Probleme der Stubenreinheit am neuen Ort bereiten: sie haben das längst gelernt und angenommen.

Wenn Sie sich also dazu entschließen, eine Siamkatze direkt aus einem Familienanschlußzwinger zu übernehmen, sollten Sie beim 1. Deutschen Edelkatzenzüchterverband die Adresse seriöser Züchter erfragen. Sie können auch aufmerksam die Anzeigen in Katzenzeitschriften oder auch aus der Rubrik „Tiermarkt" von Tageszeitungen lesen. Aus der Art, wie die Texte abgefaßt sind, können Sie schon ersehen, ob es sich um

Liebhaberzüchter handelt, die die Jungkatzen so aufgezogen und gepflegt haben, wie Sie es sich wünschen.

Sprechen Sie, wenn Sie Ihr Kätzchen übernehmen, mit der Züchterin (sehr oft ist das Züchten von Edelkatzen die Liebhaberei von Frauen) oder dem Züchter in Ruhe über alles, was Sie wissen möchten. Vergessen Sie keine Einzelheit, die Ihnen noch nicht klar ist. Fragen Sie auch um Rat, wenn Sie sich zu der einen oder anderen Entscheidung noch nicht durchringen konnten: etwa, ob Kätzchen oder Kater; ob Sie züchten wollen oder nicht (und wenn ja, ob einen einzigen Wurf oder ständig); ob Sie Ausstellungsehrgeiz haben und darum ein besonders chancenreiches Jungtier suchen; ob Sie wirklich nur eine einzige Katze haben wollen oder mit dem Gedanken spielen, sich zur wechselseitigen Gesellschaft zwei Siamesen anzuschaffen.

„Eine Pfütze? Von uns war es keiner!" – Ein reizender Viererwurf.

Gerade diese letzte Frage läßt sich bei einem Zwingerbe-
such oft überraschend einfach und für alle Seiten glücklich
lösen. Vielleicht können Sie zwei Siamesen aus demselben
Wurf bekommen.

Viele (wenn auch nicht alle) Erfahrungen sprechen dafür,
daß sich gerade Siamkatzen-Geschwister aus einem Wurf her-
vorragend vertragen und harmonisch nebeneinander halten
lassen. Das ist ja auch nicht verwunderlich, denn da „stimmt"
von vornherein alles: Sie sind aufeinander eingestellt, haben
die gleiche Herkunft, das gleiche Alter, sind an das gleiche
Essen gewöhnt usw. Nimmt man zwei Geschwisterkatzen, gibt
es – auch in der ersten Zeit – kein Heimweh, und das Einleben
ist in jeder Weise leichtgemacht.

Ein Siamkatzenpärchen, also Bruder und Schwester aus
demselben Wurf, lebt erfahrungsgemäß besonders verträglich
und glücklich miteinander. Sie wären gerade ideal für ein
Haus, in dem sie häufiger allein sind. Kathleen WILLIAMS, die
Hunderte von Siamkatzen gezüchtet hat, empfiehlt ganz allgemein Siamliebhabern, die es sich räumlich und auch sonst
leisten können, einen kastrierten Siamesen zusammen mit
einer kastrierten Siamesin im Haus zu halten, weil sie so
ausgelassen miteinander spielen, daß sie mehr als genug Kör-
pertraining bekommen, um fit, schlank und drahtig zu
bleiben.

Vergessen Sie auch nicht, den Züchter nach Art und Menge
des Futters zu fragen, nach dem zeitlichen Fütterungsturnus,
also wann und wie oft die Kätzchen ihre Mahlzeiten bekommen. Und halten Sie sich zunächst an diese eingespielte Rou-
tine. Leiten Sie nur langsam auf neue Eßgewohnheiten über.

Lassen Sie sich die Art der bisher verwendeten Katzenstreu
zeigen. Vergessen Sie nicht, wie schon erwähnt wurde, sich
den Impfpaß geben zu lassen. Erkundigen Sie sich danach, ob
eine Entwurmung (oder eine Wiederholung) angezeigt ist.
Konsultieren Sie dazu den Tierarzt. Er muß ohnehin die
geeigneten Mittel verschreiben, die Sie vorsichtig, genau nach

seiner Anleitung verabreichen und vor dem Zugriff Unbefugter sichern müssen. Fragen Sie, ob die kleine Siamesin gesund ist, ob sie irgendwelche Empfindlichkeiten oder Anfälligkeiten hat. Schauen Sie selbst nach, ob die Augen klar sind und nicht tränen, ob die Ohren sauber sind, das Näschen nicht verschleimt oder krustig. Heben Sie ruhig das drahtige Siamschwänzchen hoch und sehen Sie nach, ob es darunter sauber ist. Pusten Sie ins Fell, ob Ekzeme, Ausschlag oder Ungeziefer festzustellen sind. Das Fell muß glänzend und anliegend (nicht gesträubt) sein. Vor allem: nehmen Sie die kleine Siamkatze hoch und prüfen Sie, wie sie sich anfühlt. Trotz ihrer Schlankheit soll sie fast „schwer" wirken, muskulös. Wenn Sie über irgendwelche Punkte nicht sicher sind, dann bitten Sie einen Tierarzt um sein Urteil; möglichst einen, der sich auf Katzen und speziell Siamkatzen versteht. Leider gibt es davon nicht viele.

Schließlich ist es auch möglich, sich seine Siamkatze von einer Katzenausstellung zu holen. Solche Ausstellungen dauern im allgemeinen zwei Tage. Ein Besuch ist immer lohnend und für Katzenliebhaber ein Erlebnis. Sie lernen dabei viel. Die „Wurfklassen" mit den Katzenmüttern und ihren Jungkatzen (jede Zuchtkatze mit mindestens drei Jungen im Alter von acht Wochen bis drei Monaten) sind die großen Attraktionen. Wann und wo solche Katzenausstellungen stattfinden, das erfahren Sie aus der Zeitschrift „die edelkatze" oder vom 1. DEKVZ in Aßlar.

Auch aus dem Ausland können Sie sich Ihre kleine Siamesin mit nach Hause bringen. Importe aus England, Skandinavien, Frankreich usw. sind oft sehr interessant. „Frisches Blut" kann sich empfehlen, wenn Sie selbst züchten wollen. Kaufen Sie Ihre Siamkatze im Ausland, müssen Sie bei der Einfuhr in die Bundesrepublik allerdings eine Reihe wichtiger Punkte beachten. Sie brauchen für die Katze einen Export-Stammbaum, der von dem zuständigen ausländischen Katzenzüchterklub (er muß von der Fédération Internationale Féline

– FIFE – anerkannt sein) abgezeichnet und gestempelt ist. (So sind Sie auch vor Fälschungen, Mogeleien oder Unkorrektheiten sicher.) Bei Importen aus England muß der Stammbaum vom Coverning Council of the Cat Fancy (CCCF) ausgefertigt und gestempelt sein. Außerdem brauchen Sie für die Einfuhr ein sogenanntes Transfer. Ferner müssen Sie, um keine Schwierigkeiten zu haben, die veterinär-polizeilichen Vorschriften beachten und sich vom Amtstierarzt des Herkunftortes eine Gesundheitsbescheinigung ausstellen lassen.

Besonders abenteuerlich wäre es natürlich, sich seine kleine Siamesin direkt aus Siam (dem heutigen Thailand) mitzubringen. Bei Beachtung der Export- und Importbestimmungen von Thailand und der Bundesrepublik sozusagen „im Handgepäck". An sich ist auch dies möglich, seit Thailand für Pauschaltouristen per Charter- und Linienflug zu erreichen ist. Ob Sie allerdings an einer auf dem Wochenmarkt in Bangkok zwischen Papageien und Zierfischen erstandenen Siamkatze später die rechte Freude haben werden, hängt von Ihrer glücklichen Hand ab. Das Risiko ist groß, besonders wenn Sie züchten wollen. So paradox es klingt: Die besten Siamkatzen kommen längst nicht mehr aus Siam, sondern – aus England. Und auch aus deutschen Zwingern, von deutschen Zuchtlinien. Sie sind standardgemäßer als „echte" Importe aus Siam.

Das erste Siam-Jahr

1. Tag: Ihr „Künftiger" wird geboren. Er ist noch ganz weiß. Alle Siamesen kommen nämlich einfarbig weiß auf die Welt. Sie tragen keine Maske, noch sonstige „Points". Also keinerlei dunkle Abzeichen. Es läßt sich daher noch gar nicht erkennen, zu welchem Farbschlag die einzelnen Kätzchen gehören.
5. bis 7. Tag: Die Augen „Ihres" Siamkätzchens öffnen sich. Blau, wie bei allen kleinen Kätzchen. Aber bei den Siamesen

bleibt das Blau. Siamesen öffnen ihre Augen ein, zwei Tage früher als andere Katzen. Die Augen sind besonders lichtempfindlich. (Siamesen sind Teil-Albinos).

9. Tag: Die ersten dunkleren Siam-Abzeichen (Points) erscheinen, und zwar an der Nase. Ob Seal, Blue, Chocolate, Lilac usw., ist noch nicht erkennbar. In diesem Alter sehen Siamkätzchen besonders dümmlich und zum Auffressen hübsch aus. (Später auch noch. Bezähmen Sie sich also).

14. Tag: Vorsichtige Krabbelversuche der kleinen Wildfänge aus dem Nest heraus.

17. Tag: Torkelnde Stolperschritte. An den folgenden Tagen kurze Purzelsprints und neugierige Erkundungsmärsche. Dann schon Jagden mit Kobolzüberschlagen. Siamwildheit verrät sich.

3. Woche: Von jetzt an vertragen Kätzchen zusätzliche Nahrung: Baby-Milchbrei. Je nachdem, wie ausreichend oder dürftig die Milchversorgung durch die Siamesenmutter ist. Es hängt ab von der Größe des Wurfs und dem Zustand der Katze. Kätzchen, die viel schreien, bekommen zu wenig Muttermilch und müssen schon früher und mehr Zusatzfutter haben.

4. Woche: Die ersten Zähne brechen durch. Junge Siamkätzchen können schon als Zufütterung Haferschleimbrei mit ein wenig Kondensmilch und einem kleinen Zusatz von Dosenfertigfutter bekommen. Dies macht weniger anfällig für Durchfälle, die bei Milch-Zusatznahrung häufiger vorkommen.

4. bis 6. Woche: Allmähliches Entwöhnen. Das Entwöhnen sollte mit dem Ende der mütterlichen Milchflußperiode abgeschlossen sein. Im allgemeinen ist dies bei Siamkatzen in der 5. bis 6. Woche der Fall.

6. Woche: Die Siamfarben Seal, Blue Point, Chocolate Point, Lilac Point usw. sind erkennbar. In der warmen Jahreszeit dürfen Siamkätzchen bei schönem Wetter, falls ein Garten da ist, jetzt schon etwas hinaus an die frische Luft. Es stärkt ihre Gesundheit.

7. Woche: Erste Wurmkur, auf Anraten des Tierarztes. Der Tierarzt verschreibt dazu Medikamente, die vorsichtig und genau nach seiner Anleitung verwendet und vor dem Zugriff Unbefugter geschützt werden müssen.

8. Woche: Eventuell schon früher: Erste Impfung gegen Katzenseuche (Panleukopenie) und Katzenschnupfen (Rhinotracheitis) durch den Tierarzt, der das genaue Datum empfiehlt. Es richtet sich auch danach, wie lange das Kätzchen mit Muttermilch ernährt wird.

9. Woche: Zweite Wurmkur unter Berücksichtigung der oben genannten Vorsichtsmaßnahmen, falls der Arzt dazu rät.

10. Woche: Zweite Impfung gegen Katzenseuche (stets zwei Wochen nach der ersten Impfung). Weitere jährliche Wiederholungsimpfungen zum Schutz gegen Katzenseuche und Katzenschnupfen durch den Tierarzt sind bei Siamkatzen besonders wichtig.

11. Woche: Die Farbe des Haarkleides und der Abzeichen (Points) hat sich weiter entwickelt. Jetzt läßt sich erkennen, welche Qualität die kleinen Siamesen haben, und ob sie „standesgemäß" (standardgemäß) gefärbt sind.

11. bis 12. Woche: Der früheste Zeitpunkt für Ihr Siamkätzchen, zu Ihnen überzusiedeln, also Mutter und Geschwister zu verlassen. Allerdings muß dann das Kätzchen noch fünf bis sechs Wochen lang regelmäßig drei bis fünf Mahlzeiten, über den Tag verteilt, von Ihnen vorgesetzt bekommen. Falls das nicht möglich ist, warten Sie lieber, bis das Tier vier Monate alt ist. Dann braucht es nicht mehr so oft gefüttert zu werden.

22. Woche: Ihre Siamkatze bekommt richtige Zähne. Und was für welche! Sie stößt zugleich ihr Milchgebiß ab. Geben Sie ihrem geliebten kleinen Raubtier einen Büffelknochen zum Nagen. Sonst müssen Ihre Finger oder Zehenspitzen daran glauben. Vielleicht wird Ihre Siamkätzin jetzt zum ersten Mal rollig.

28. Woche: Bei Katzen mit Auslauf: Tollwut-Schutzimpfung durch den Tierarzt (Wiederholungsimpfungen alle ein bis zwei Jahre).

Ab 30. Woche: Entscheidung, ob Sie züchten wollen oder ob Ihre Siamesin operiert werden soll, muß getroffen werden.

Ab 40. Woche: Ihr Siamkater – falls Sie sich für einen Kater entschieden hatten – ist geschlechtsreif. Die Kastration ist, falls er keine Zuchtkaterlaufbahn einschlagen soll, jetzt möglich und wird bald unerläßlich.

Ein neun Wochen altes Siam Seal Point-Kätzchen.

Pille, Spritze oder Operation?

Katzen werden im allgemeinen im Alter zwischen acht und zwölf Monaten zum ersten Mal rollig – also oft schon, bevor sie erwachsen sind. Siamkatzen sind besonders frühreif. Bei manchen treten die Geschlechtsreife und erste Rolligkeit bereits im Alter von vier bis fünf Monaten ein. Besonders bei Siamkatzen, die im Winter oder Herbst geboren wurden, soll dies häufig der Fall sein. Sonst aber kommen die extrem frühen Termine nur vereinzelt vor.

Die Rolligkeit der Katze wiederholt sich in Abständen von etwa vier bis sechs Monaten. Sie erfolgt also etwa zwei bis dreimal im Jahr. Wird die Katze nicht regelmäßig gedeckt, werden die Zwischenräume kürzer. Eine temperamentvolle Siamesin kann – bis in die mittleren Jahre – alle vier bis sechs Wochen in Hitze kommen, wenn sie nicht zum Kater gebracht wird. Die Rolligkeit dauert jedesmal etwa fünf bis zehn Tage. So kann es sein, daß manche Siamesinnen, wenn sie nicht gedeckt werden, fast das ganze Jahr hindurch schreien. Das Rufen wird dann zu einer Dauerqual – vor allem für die leidende Katze selbst; aber natürlich auch für die Nachbarn.

Siamkatzen werden in seltenen Fällen schon drei bis vier Wochen, nachdem sie ihren Wurf hatten, wieder rollig. Eine erneute Paarung darf aber, um der Katze eine Erholungspause zu gönnen, frühestens sechs bis acht Wochen nach dem Aufhören der Laktation, also des Milchflusses, erfolgen. Es sollten der Katze nicht mehr als zwei Würfe im Jahr erlaubt werden. (Der 1. Deutsche Edelkatzenzüchterverband e. V. stellt aus gutem Grund pro Jahr und Kätzin nur für zwei Würfe die Abstammungspapiere aus.)

Wenn die Siamesin unter einer vorzeitigen erneuten Rolligkeit sehr leidet, kann man den Arzt bitten, ein rolligkeitshemmendes oder -verzögerndes Hormonpräparat zu verschreiben, das vorsichtig genau nach seiner Anleitung verabreicht werden und vor dem Zugriff Unbefugter gesichert werden muß.

Die „Anti-Kätzchen-Pille"

Auch sonst können Katzen heute durch Hormonpräparate vorübergehend unfruchtbar gemacht werden. Es gibt eine Reihe verschiedener Pillen und Spritzen, und der Tierarzt muß entscheiden, welches Präparat für Ihre Siamesin geeignet ist. Dies hängt u. a. vom Alter, von der Konstitution und von der Zahl der eventuell bereits vorangegangenen Rolligkeiten ab. Manche Kätzinnen brauchen nur zu Beginn der Rolligkeit täglich eine Pille zu schlucken, und das Problem ist gelöst. Bei Perserkatzen mag sogar eine einzige Hormonspritze Monate lang, vielleicht fast ein Jahr hindurch die erwünschte Wirkung erzielen. Bei einer temperamentvollen Siamesin ist das nicht zu erwarten. Hier sind andere Dosierungen nötig. Diese festzulegen ist jedoch allein Sache des Tierarztes, der die entsprechenden Medikamente verschreibt. Sie müssen vorsichtig und genau nach Anleitung des Tierarztes verwendet und vor dem Zugriff Unbefugter gesichert werden.

Mit Pillen und Spritzen können aber nur Zwischenlösungen erreicht werden. Zu einer jahrelangen Dauerbehandlung taugen Hormonpräparate wenig, da sie ungünstige Nebenwirkungen haben können. Vielleicht möchten Sie die Hormonbehandlung vorübergehend einsetzen, wenn Ihre Siamkatze zum ersten Mal rollig wird. Weil Sie sich noch nicht entschließen können, ob Sie Ihre Siamesin als Schmusekatze halten oder doch Nachwuchs züchten wollen. Erfahrene Züchter raten davon ab, vor oder bei der ersten Rolligkeit einer jungen Siamesin rolligkeitshemmende Hormonpräparate einzusetzen. Es wäre dann besser, die Katze einmal decken zu lassen. (Frühestens bei der zweiten Rolligkeit). Sie können die Katze dann nach dem ersten Wurf, wenn Sie nicht weiter züchten wollen, operieren lassen.

Prüfen Sie auf jeden Fall diese Fragen nach allen Seiten hin so sachlich wie möglich. Also ohne sich etwas „vorzumachen". Natürlich gibt es nichts Liebenswerteres als kleine Siamkätzchen und nichts Schöneres als zu erleben, wie eine Siammutter ihre Kinder aufzieht. Aber können Sie die Belastungen, die das Züchten mit sich bringt, bewältigen?

Werden Sie Zeit haben, jährlich zweimal sechs Wochen lang „Kinderfrau" zu spielen? Werden Sie es auch nur ein erstes, einziges Mal schaffen? Wer im Haus sehr beschäftigt ist, kann das kaum. Jedenfalls erfordert es große Opfer, für anderes bleibt kaum Zeit übrig. Wer tagsüber berufstätig, also außer Haus ist, muß sich das Züchten von vornherein aus dem Kopf schlagen. Auch muß man sich vor einer Zucht überlegen, ob man die jungen Kätzchen behalten möchte oder nicht, und ob man im letzten Fall geeignete Abnehmer finden kann.

Die Operation

Wenn Sie von Ihrer Siamesin keinen Nachwuchs erwarten (in Großstadthaushalten wird die Entscheidung meist so ausfallen müssen) empfiehlt es sich, einen tüchtigen Tierarzt, der sich möglichst auf Siamkatzen gut versteht, darum zu bitten, die Kastration vorzunehmen.

Der Eingriff wird ambulant bei voller Betäubung vorgenommen. Sie können Ihr Kätzchen im Anschluß daran wieder mit nach Hause nehmen. Einige Tage besonders sorgsamer, liebevoller Widmung und Pflege sind selbstverständlich. Sie brauchen Ihre Siamesin nicht zu sehr zu „bedauern", das würde sie nur irritieren. Aber recht viel Gesellschaft und munteres Plaudern sollten Sie ihr gönnen.

In den ersten Stunden nach der Operation achten Sie darauf, daß die Katze Nase und Mäulchen frei hat, daß also die Atemwege nicht durch Kissen und dergleichen bedeckt sind. Bis die operierte Katze wieder richtig wach ist – das kann vier bis sechs Stunden dauern – muß sie ihre Lagerstätte auf dem Fußboden haben, damit sie nicht herunterfallen und sich verletzen kann. (Dieselben Punkte treffen zu, wenn Sie einen Kater kastrieren lassen.)

Sie fragen vielleicht, warum hier nur von der Kastration und nicht von der Sterilisation, die doch „leichter" sei, gesprochen wird. Operiert wird in beiden Fällen. Aber die Sterilisation, bei der die Eileiter unterbunden werden, reicht nur aus, eine Katze unfruchtbar zu machen, die Sterilisation genügt aber nicht, das immer erneute Wiederkehren der Rolligkeit mit allen Mensch und Tier belastenden Begleiterscheinungen wie Unruhe, Schreien, Ausbrüchen usw. zu verhüten. Gerade dies aber muß bei einer Siamkatze erreicht werden. Und es ist eben nur möglich, wenn die beiden Eierstöcke entfernt werden (Kastration)! Am besten ist eine totale Operation, bei der auch die Gebärmutter fortgenommen wird. Ein guter Tierarzt beherrscht diese Operation routinemäßig.

Verschiedene Ansichten gibt es darüber, welches der günstigste Zeitpunkt für den Eingriff ist. Einig sind sich Züchter und Ärzte darin, daß er nicht zu früh erfolgen sollte. Zu spät dagegen kann es nie sein. Sie können sogar eine Siamesin, die schon viele Würfe hatte, noch kastrieren lassen. (Wie auch ein älterer Kater noch problemlos kastriert werden kann.)

Darüber jedoch, was „zu früh" in genauen Daten bedeutet, gehen die Meinungen etwas auseinander. Bei uns rät man im allgemeinen, eine Siamkätzin möglichst nicht vor ihrem achten Monat zu operieren. Dann verliert sie nichts von ihrem Temperament, ihrer Agilität und Spielfreude. Auch in England und den USA, wo man bis vor kurzem zu einem Alter von drei bis fünf Monaten geraten hat, empfiehlt man heute, die Operation einer Siamkätzin auf die Zeit nach der Geschlechtsreife zu verschieben.

Und wie ist es bei einem Siamkater?

Ein ewig unruhiger „Voll-Kater", der tage- und nächtelang auf Liebespfaden wandelt und sich in wilden Katerschlachten herumrauft, ist stets ein problematischer Hausgenosse. Ein „ganzer Mann" von Siamkater im Haus ist unmöglich. Allein die Geruchsbelästigungen durch die überall hinterlassenen Markierungsspritzer machen früher oder später eine Lösung notwendig. Diese Spritzer werden ja noch verstärkt abgegeben, wenn der Kater, wie es in der Großstadt meist der Fall ist, nicht „zum Zuge kommt". Es gibt aber leider kein anderes Mittel der Kur als den operativen Eingriff durch den Tierarzt.

Auch bei einem Kater genügt eine Sterilisation (Durchtrennung der Samenstränge) nicht. Nur die Entfernung der Hoden führt zum Aufhören des Spritzens und darüber hinaus zu einer ausreichenden Dämpfung des Geschlechtstriebes und der damit einhergehenden Verhaltensweisen.

Der kastrierte Siamkater bleibt in seinem psychischen Verhalten durchaus „Kater". Er behält also seinen männlichen Typ. Voraussetzung ist, daß die Operation, wie heute allgemein geraten wird, erst erfolgt, wenn er geschlechtsreif ist. Früher sagte man: Nicht vor dem vollendeten dritten Lebensmonat. Heute verlegt man den Zeitpunkt bis auf den siebenten oder achten Lebensmonat. Einen Siamkater sollte man jedoch erst im neunten oder zehnten Monat kastrieren lassen, sonst neigt er zum Fettwerden. Die Operation erfolgt (bei einem über sechs Monate alten Tier) mit Vollnarkose.

Zum Glück leidet das Wesen der Siamkatzen, wie erfahrene Siamkenner festgestelt haben, von allen Katzenrassen am wenigsten unter der Kastration. Für beide, Siamesinnen und Siamesen, gilt, daß sie nach der Befreiung von der Unrast und den Strapazen eines anlagemäßig sehr temperamentvollen Trieblebens naturgemäß einen geringeren Energieverschleiß haben. Also dürfen sie nicht zuviel Nahrung bekommen. Kastrierte Katzen und Kater könnten sonst schnell Fettdepots aufbauen. „Pummelig" zu werden würde aber gerade bei einem so grazilen Schlanktyp wie der Siamkatze mit ihrem kurzen, dicht anliegenden Fell den Typ verderben. Eine Siam, bei der man nicht mehr das Spiel der Muskeln sieht, hat viel von ihrer Schönheit eingebüßt. Ganz abgesehen davon, daß Übergewicht unweigerlich das Siamtemperament beeinflußt. Also bitte, die verwöhnten Feinschmecker nach der Operation nicht „zum Trost" zu üppig füttern!

Besorgte Lilac Point-Mutter mit zwei ihrer Kleinen.

Wenn Sie züchten wollen

Züchter warten im allgemeinen bis zum zwölften Monat, bevor sie eine Kätzin decken lassen. Andere raten, eine Siamkätzin unabhängig vom Alter bei der dritten oder vierten Rolligkeit zum Kater zu bringen. Dies empfiehlt sich vor allem in den bei Siamesinnen häufiger vorkommenden Fällen, in denen Rolligkeit und Rufen extrem heftig auftreten.

Lange bevor es soweit ist, müssen alle notwendigen Verabredungen mit dem Besitzer des auserwählten Deckkaters getroffen werden. Die letzte Terminabsprache – also Tag und Stunde, wann die Katze bei ihm eintrifft – erfolgt zweckmäßigerweise telefonisch.

Eine stets auf den neuesten Stand gebrachte Liste mit Namen, Anschriften und Telefonnummern der Besitzer von anerkannten Deckkatern finden Sie in der Fachzeitschrift „die edelkatze", die das offizielle Organ des 1. Deutschen Edelkatzenzüchter-Verbandes e. V. ist.

Derzeit enthält die Liste 30 Deckkater, davon sieben Siamesen.

Die Deckgebühren betragen zwischen 300 und 800 DM nach Vereinbarung, wobei natürlich die höheren Sätze für Champions gefordert werden. Auch Katzenausstellungen bieten oft hervorragende Gelegenheit, für ihre Kätzin einen vielleicht besonders vielversprechenden Deckkater zu finden. Insofern sind Katzenausstellungen geradezu internationale Heiratsmärkte. Die Termine ersehen Sie ebenfalls rechtzeitig in der Zeitschrift „die edelkatze".

Jeder Siam-Liebhaber, der züchten möchte, sollte Mitglied des 1. Deutschen Edelkatzenzüchter-Verbandes e. V. werden, dessen Aufgabe es ist, die Zucht von Rassekatzen durch Austausch von Erfahrungen zu fördern. Wenden Sie sich an: den 1. Deutschen Edelkatzen-Verband e. V.
Berliner Straße 13
6334 Aßlar (Tel.: 0 64 41/84 79).

Wilde Spiele

Alle jungen Katzen, die gesund sind und sich wohl fühlen, spielen gern. Siamkatzen bleiben – auch in diesem Punkt – jung und aktiv bis weit in ihre mittleren Lebensjahre. Aber ihre Spiellaune wird nur wach, wenn sie gut aufgelegt sind und Gesellschaft haben. Möglichst die Gesellschaft ihrer nächsten Menschen. Wenn das richtig lustige, phantasiebegabte Spielkameraden und „Katzenmenschen" sind, entwickelt die Siamkatze eine Spielform, wie keine andere Katze. Wer so etwas noch nicht erlebt hat, ist überrascht und fasziniert, was in dieser feingliedrigen, muskulösen, drahtigen Rassekatze steckt. Sie vollführt atemberaubende Luftsprünge, Kapriolen, Überschläge, rasante Passagen durch Flure und Zimmer, groteske Sätze vor und zurück, sie erhebt sich in ihrer ganzen Schlankheit zu so graziösen Levaden, daß man vor Staunen und Bewunderung selbst das Weiterspielen vergißt. Leider gelingt es nur selten, dergleichen gut zu fotografieren. Aber filmen kann man es, und es ist kein Wunder, daß solche Katzenfilme eine besonders aufregende Liebhaberei sind.

Eine Siamkatze, die allein ist, spielt nicht, weil sie allein nie glücklich ist. Sie ist geselliger als alle anderen Katzen. Wer daher eine Siamesin im Haus hält, muß (!) sich Zeit zum Spielen nehmen. Soviel Zeit wie möglich, morgens eine halbe Stunde und abends mindestens ebensoviel, so etwa im Durchschnitt. Die Mittagszeit ist zum Herumtollen, Fangen und Versteckspielen weniger geeignet. Auch nach den Mahlzeiten sollte man es lassen. Da braucht die Katze Ruhe und wird sich kaum zum Spielen animieren lassen.

Ist es ausnahmsweise einmal nötig, die „Spielzeit" zu verkürzen, dann muß das Spiel besonders konzentriert, ausgiebig und wild sein. Hohe Qualität muß sozusagen fehlende Quantität ersetzen. Hierfür eignet sich bei Siamesen erfahrungsgemäß eine kleine Rauferei besonders gut. Also ein Kampfspiel.

Wenn Sie mit anderen Katzen schon einmal freundschaftlich gerangelt haben, aber noch nie mit einer Siamesin im Clinch waren, dann werden Sie bei Ihren ersten Siam-Kämpfen verblüfft sein, was Ihnen hier plötzlich für ein Partner im Ring gegenübersteht. Wie die Siamkatze rangeht. Zwar immer beherrscht, immer fair und fast „vorsichtig", aber zugleich bis ganz dicht an die Grenze dessen gehend, was ernst wird. Siamkatzen sind dem Menschen gegenüber unglaublich unerschrockene und spielerisch-angriffslustige „Gegner". Wirklich ernst wird es aber nie durch die Hemmungen der Beißsperre: eine Katze spielt als Junges das Kampfspiel vor allem mit der Mutter, manchmal auch mit gleichaltrigen Geschwistern. Für die erwachsene Katze spielt der Mensch dann eine Rolle der „Mutter". Ein paar kleine Bisse, Krallen- oder Reißkratzer muß man beim Spielen mit Siamesen allerdings meist in Kauf nehmen. Derartig entstandene Verletzungen müssen sofort desinfiziert (Desinfektionsmittel bitte vorsichtig nach Gebrauchsanleitung verwenden und vor Unbefugten sichern!) und – ggf. vom Arzt – aufgrund der Infektionsgefahr versorgt werden. Es ist ratsam, wenn der Katzenhalter sich von vornherein gegen Tetanus impfen läßt – eine Katze kann immer ein wenig Schmutz an den Krallen haben, und eine Infektion ist daher bei Verletzungen nicht auszuschließen. Achten Sie bitte darauf, daß Personen, die nicht allzuviel Erfahrung mit Katzen haben, nicht aus Unkenntnis des Tierverhaltens von der Katze attackiert werden. Das gilt auch für den Umgang von Kindern mit Katzen.

Am besten ist es, man zieht sich für Rangeleien irgendeine alte Jacke (keinen Wollpullover) mit langen Ärmeln an. Mit nackten Armen sollte man sich, jedenfalls als Anfänger, lieber nicht in eine sportliche Rauferei mit einem ausgewachsenen siamesischen „Reißwolf" einlassen. Es wäre leichtfertig, nicht ausdrücklich darauf hinzuweisen, daß beim „Kampfspiel" Geschick nötig und immer Vorsicht und Umsicht geboten sind.

Mit der Zeit lernt man es aber, wie man es anstellt, fast

ohne Blessuren davonzukommen. Wichtig ist vor allem, bei einem spielerischen Biß (mit den Krallen wird bei einem solchen Kampf viel seltener geschlagen) die Hand oder den Arm auf keinen Fall schnell wegzuziehen. Die Katze beißt im Spiel nur kurz, also nicht wirklich kräftig und nachhaltig. Aber selbst dieser kurze, spielerische Biß mit den spitzen Reißzähnen kann beim Wegzucken zu blutigen Schrammen führen, die sofort versorgt werden müssen (vgl. oben).

Man lernt auch, durch kurze „Streicheleinlagen" (Kopf, Ohren, Nacken, Fußballen der Katze) ein etwas allzu wild werdendes Kampftemperament zu mäßigen, was dann sofort durch Schnurren bestätigt wird.

Die Siamkatze selbst schont sich bei solchen Spielen mit „ihrem" Menschen überhaupt nicht. Sie ist nicht empfindlich und nimmt nichts übel. Sie verträgt auch mal einen herzhaften Klaps auf die Hinterschenkel, der jede andere Katze beleidigt unter dem Bett verschwinden ließe.

Und dann die vielen anderen herrlichen Spiele, z. B. das Versteck- und Suchspiel. Dafür genügen aber auf keinen Fall fünf Minuten. Beim Versteckspielen ist nie ganz klar, wer sich eigentlich versteckt und wer sucht. Das aufregende Anschleichen hinter einem Sofa an der Wand entlang, das minutenlange Auflauern im Schutz der Gardine, das „Tarnversteck" unter einer Perserbrücke, das nervenkitzelnde Um-die-Ecke-Schauen, ob der andere schon kommt – all das kann eine Siamkatze schier verrückt werden lassen vor Übermut. Vergessen Sie bei diesem Versteck- und Suchspielen nie, jede Runde mit einer kurzen wilden Knuddelei zu beenden, bevor es in die nächste geht. Jede Katze liebt die Hautkontakte mit ihren Menschen über alles. Jede Katze ist ein sinnenfrohes Geschöpf. Die Siamesin ist es in doppelter und dreifacher Stärke.

Und weiter: die Beute- und Fangballspiele. Auch diese sind im Grunde „Lernspiele". Eine Katze weckt dabei ihre Instinkte, sie lernt und übt die verschiedenen Bewegungsab-

Katzenmusik: Perfekt nach Noten mit zwei schwarzbraunen Pfoten . . .

. . . und zum Schluß noch ein virtuoser Lauf auf dem Klavier.

läufe, die sie beim Beutefangen beherrschen muß: Nicht nur Lauern, regungsloses Warten, Anschleichen, Anspringen, Packen, sondern auch Hochschleudern. Am liebsten wirft sie irgendetwas Leichtes, Wolliges, indem sie es mit dem Maul packt, mit energischer, blitzschneller Bewegung des Kopfes im hohen Boden durch die Luft.

Der Verhaltensforscher P. LEYHAUSEN hat darauf hingewiesen, daß Katzen in ähnlicher Weise oft ihre Beutetiere mit großer Kraft durch die Luft schleudern, um sie so zu erlegen. Oft spielen sie dann auch noch mit der erlegten Beute in derselben Art.

Auch wenn Siamesen, wie sie es gern tun, kleine Gegenstände apportieren, simulieren sie damit das Anschleppen und Vorzeigen von kleinen Beutetieren. Diese Apportierspiele sind besonders amüsant, weil sich eine junge Siamkatze dabei wirklich fast wie ein Hund verhält. Der Unterschied ist, daß die Katze in einer bestimmten Entwicklungsperiode spontan, also instinktiv, ohne es je gelernt zu haben, apportiert und dieses Spiel nach einiger Zeit von sich aus auch wieder aufgibt.

Rosemarie WOLFF erzählt in ihrem Buch „Katzen" von einer spielverwöhnten Siamkatze, die ein ledernes Bringsel an nur ihr bekannten Verstecken aufzubewahren pflegte und es, wenn sie in Spiellaune war, hervorholte, wobei sie nicht eher Ruhe gab, als bis man es warf und sie apportieren ließ: „Am liebsten holte sie ihre Spielbeute vom höchsten Schrank herab!"

Schließlich noch ein Spiel, das Siamesen von allen Katzen am virtuosesten beherrschen: Das Angeln. Sie haben ja auch die geschicktesten, schmalsten kleinen Pfoten. Und so angeln sie denn mit unwahrscheinlicher Leidenschaft und Kunst alles: Körkchen und Stanniolkugeln aus Ritzen und Spalten, unter Türschlitzen hervor und aus Löchern heraus, Kekse und Würfelzucker aus Dosen. Nur um dann alles wieder hinein- oder darunterzustupsen, auf daß die Angelei wieder von vorne beginne.

Beliebte Angelplätze sind Schuhe. Welchem Siamesenfrauchen wäre es noch nicht passiert, daß sie wütend auf die Pfuscharbeit ihres Schuhmachers mit drückenden Trotteurs die Straße entlanghumpelte, um dann – wieder zu Hause angelangt – festzustellen, daß das Siamkätzchen am Abend zuvor sein Lieblingsspielbändchen in die Schuhspitze hineinmanipuliert hatte, ganz tief, wo es keiner sehen oder auch nur ahnen konnte.

Manche Siamkatzen lieben es über alles, ihr Trockenfutter mit der Pfote Stück für Stück aus der Schachtel zu angeln. Manche essen überhaupt zuweilen gern „mit den Fingern" auch Fleischbröckchen und anderes.

Von einem Siamkater Timur wird berichtet, daß er regelmäßig mit einem von ihm sehr geliebten gestrickten Eierwärmer ein bestimmtes Ritual veranstaltete. Er trug ihn zu seinem

„Kein Problem! Das Glitzerding bekomme ich schon in Herrchens Pantoffel."

Wassernapf, badete ihn sorgsam und angelte ihn später mit spitzen Pfoten wieder heraus. Das wiederholte sich alle paar Tage. Offenbar machte ihn das glücklich.

Für eine Siamkatze, die nur in der Wohnung gehalten wird, ist Spielen zugleich Ersatz für das Laufen und Jagen im Freien. Siamesen, mit denen regelmäßig genügend gespielt wird, bleiben auch als Stubenkatzen bis ins Alter aktiv, muskulös, lebhaft, gesund, und sie setzen kein übeschüssiges Fett an. Aber Spielen bedeutet für sie nicht, daß jemand pflichtbewußt ein paar Minuten lang dasselbe Wollknäuel vor ihnen hin und herzieht oder Winter und Sommer den selben Sektkorken hüpfen läßt. Siamesen wollen die ungeteilte Aufmerksamkeit des Mitspielers, und sie wollen möglichst etwas Neues, Überraschendes. Dazu gehört schon ein bißchen Phantasie. Zum Glück haben sie oft Spielphantasie für zwei und sind hervorragende Lehrmeister.

Träumerei am Kamin.

Spiel und „Aussprache" sind für ein dem Menschen so zugewandtes, lernbegieriges Tier Grundbedürfnisse von nicht minderer Bedeutung als Essen und Trinken. Physiologen haben festgestellt, daß das Gehirn einer Siamkatze, die allein in einer Wohnung lebt und von Menschen nicht beschäftigt und angeregt wird, verkümmert und kleiner wird.

Perser mögen eher längere Zeit in der Wohnung allein sein können, ohne allzusehr zu leiden. Sie sind ruhiger, katzenhafter auf sich selbst gestellt. Die Siamesin, das kann nicht oft genug gesagt werden, braucht die Gesellschaft ihrer Menschen. Was natürlich nicht heißen soll, daß sie nicht auch stundenlange Ruheperioden am Tag benötigt, in denen sie still ist, schläft, sich putzt, beobachtet, kurz, wo sie dann auch einmal ungestört für sich sein darf.

Die Siamkatze an der Leine

Daß Siamesen im Gegensatz zu den meisten anderen Katzen überraschend willig und schnell lernen, an der Leine zu gehen, ist ja bekannt. Es erklärt sich wohl weniger aus einer größeren „Gelehrigkeit" oder gar aus einer Art „hündischen" Gehorsams, als aus jenem in ihrem Wesen immer wieder anzutreffenden ausgeprägten Bedürfnis nach Gesellschaft, also danach, möglichst immer und überall dabeizusein. Und wenn die Menschen fortgehen bedeutet das eben: mitgehen, folgen. Um dabeizubleiben, nehmen sie das Angeleintsein in Kauf. Wenn es sein muß, auch noch manches andere: Verkehrslärm, Motorengebrumm, Schaukelei im Auto, fremde Häuser und Zimmer (Hotel), ständigen Wechsel von Menschen, Umgebung usw.

Trotzdem sind die ersten Spaziergänge im Freien für eine Katze die vorher ausschließlich in der Wohnung gehalten wurde (und dies wird bei Siamkatzen in der Großstadt oft sehr lange der Fall sein), natürlich eine ungemein aufregende Sache. Die bei anderen Katzen in einer derartigen Situation oft ziemlich lange anhaltende Scheu, die sie dazu bringt, völlig zusammengeduckt dazusitzen, ohne sich von der Stelle zu rühren, geht für die abenteuerlustigen, neugierigen, mutigen Siamesen sehr viel schneller vorüber. Ehe man sich versieht, sind sie vielleicht schon auf den nächstbesten Baum gesprungen, obwohl sie vorher noch nie einen in „Reichweite" hatten. Da Katzen sich bei solchen Gelegenheiten leicht versteigen können, weil sie das Abwärtslaufen im Rückwärtsschritt erst lernen müssen, muß man solche Eskapaden von Anfang an verhüten. Darum und aus vielen anderen Gründen ist es unbedingt notwendig, die Katze bei Ausflügen ins Freie an der Leine zu führen.

Auch Siamesen müssen sich erst einmal ein bißchen daran gewöhnen. Das geht am besten, wenn man es in vertrauter Umgebung, also in der Wohnung ein paarmal übt. Vor allem muß sich die Katze ja auch an das Geschirr gewöhnen. Je früher das geschieht, um so leichter nimmt sie es an. Etwas Geduld muß man natürlich haben.

Für die schlanke, schmalgliedrige, sehr behende und oft heftig und überraschend reagierende Siamkatze ist ein Geschirr, das um Hals und Brust befestigt wird, geeigneter und sicherer als ein Halsband. Das Geschirr muß unbedingt gut passen, es darf also weder zu groß noch zu klein sein, weil sich im einen Fall die Katze daraus befreien kann, und sie im anderen Fall zu stark behindert wird. Die Riemen müssen bei aller zuverlässiger Festigkeit weich und gefüttert sein, damit das feine, besonders dünne Fell nicht gescheuert wird. Ruck-artige Bewegungen und Reißen und Zerren an der Leine müssen unterlassen werden, da sich das Tier sonst verletzen könnte.

Wie weit und wie lange Sie Ihre Siamkatze die ersten Male ausführen, das hängt vom Ort und von der Reaktion der Katze ab. In einem Gelände, das der Katze bereits einigermaßen vertraut ist, folgt sie Ihnen sehr viel williger als in einer völlig fremden Gegend. Im allgemeinen bestimmt die Katze das Tempo, und gerade Siamkatzen müssen einfach alles erst einmal beschnuppern und untersuchen. Dann heißt es natürlich geduldig warten. Die Aufforderung zum Weitergehen sollte wirklich nur durch einen sanften Leinenzug unterstrichen werden.

Am besten, Sie stellen sich darauf ein, daß die Katze mit Ihnen spazieren geht, nicht Sie mit der Katze. Auch wird eine Siamesin nie so leinenführig wie ein Hund. Es heißt auch immer auf überraschende panische Reaktionen gefaßt zu sein. Es kann geschehen, daß die Katze plötzlich eine Reihe wilder Luftsprünge vollführt, deren Ursache Ihnen völlig unerklärlich ist. Bis Sie dann entdecken, daß ein kaum bemerkbares Stichelkraut auf dem Waldboden die teppichgewohnten Samtpfoten irritiert hat.

Siam als Mitfahrer im Auto

Erst wenn Ihre Siamkatze gut an Geschirr und Leine gewöhnt ist, können Sie sie im Auto mitnehmen. Zunächst nur probeweise auf kurze Strecken, um sie einzugewöhnen und zu testen, später dann auch, wenn alles gut gegangen ist, auf etwas größere und große Reisen. Die Katze lernt so zweierlei: erstens bekommt sie das Vertrauen, daß es aus der Fremde immer wieder nach Hause geht, und zweitens nimmt sie Ihr Auto als eine Art Ersatzheim an.

Ist der Fahrer allein, sollte die Katze in einem genügend großen luftigen Korb oder anderen Behälter so sicher untergebracht sein, daß sie nicht plötzlich im Auto herumspringen kann. Hat man einen oder mehrere Mitfahrer, so kann einer die Katze bei sich halten; angeleint sollte sie aber in diesem Fall sein. Es wäre viel zu riskant, eine Katze, und besonders eine so temperamentvolle wie die Siamesin, im Auto frei im Arm zu halten. Denken Sie z. B. an plötzliche Bremsmanöver, die bei dem Tier ein unberechenbares Verhalten hervorrufen können.

Auch für das Autofahren gilt, daß man die Siamesin recht früh daran gewöhnen muß, weil sie es später oft nur noch schwer lernt.

Bei längeren Reisen ist auch für die Katze eine Erholungspause vom Fahren, etwa alle zwei bis drei Stunden notwendig. Am Rastplatz ist sie unbedingt an der Leine zu halten. Bei solchen Pausen wird die Katze auch ihre Kloschüssel benutzen. Wenn Platz ist, kann diese übrigens immer im Fond des Wagens am Boden stehen. Es gibt Katzen, die so autogewohnt sind, daß sie ihre Geschäfte sogar während der Fahrt erledigen. Bleibt das Tier länger als ein paar Minuten allein im Wagen, muß man an sonnigen Tagen unbedingt einen schattigen Platz wählen. Fenster und eventuell Schiebedach einen Spalt öffnen, aber nur soweit, daß die Katze nicht entweichen kann.

Allgemein gilt, daß eine Katze, deren Grundbedürfnisse auch auf der Reise erfüllt werden, am ruhigsten und friedlichsten sein wird. Dazu gehört nicht nur, daß sie regelmäßig frisches Wasser angeboten bekommt, eventuell auch Futter (obwohl die meisten Katzen während der Reise nicht fressen), sondern daß sie auch ein vertrautes Kissen und ihr Lieblingsspielzeug hat.

Wer mit seiner Katze reist, muß wissen, daß er mehr Aufgaben, Verpflichtungen, Verantwortung und Angebundensein auf sich nimmt, als er sich wahrscheinlich vorher gedacht hat. Auch am Urlaubsort selbst wird er auf vieles der Katze zuliebe verzichten müssen. Auf der anderen Seite werden Sie mit Ihrem kleinen vierbeinigen Ferienkameraden viele glückliche, erregende, abenteuerliche Stunden erleben, die Sie sonst nicht gehabt hätten. Die Bäume, die Felsen, das Meer, das hohe Gras, die flinken Eidechsen und andere Dinge, alles werden Sie auch ein wenig mit den Augen Ihres Siamesenwildlings sehen. Und Sie werden ganz neue Züge an ihm entdecken. Wenn er vor Freude ganz außer sich ist, wird das auch Ihre Freude sein.

Der Gedanke, Ihre Siamesin, die so an Ihnen hängt, nicht bei Nachbarn oder in einer Katzenpension zurückgelassen zu haben, wird Ihnen helfen, mit Gelassenheit die gelegentliche, von ihr verursachte nächtliche Unruhe im Urlaubsquartier hinzunehmen.

Bei Auslandsreisen muß man sich selbstverständlich vor Antritt der Reise bei den entsprechenden Behörden nach den gesetzlichen Bestimmungen zur Einfuhr von Tieren im Zielland erkundigen und diesen entsprechen, sonst läuft man Gefahr, an der Grenze zurückkehren zu müssen.

Drei glückliche Kinder. Siam-Kitten sehen meist so schlaksig aus. (Zwei Chocolate Points.)

Katzenwäsche ist nicht alles

Viele halten Siamkatzen für besonders empfindlich und anfällig. Das trifft aber zum Glück längst nicht mehr zu. Früher war die Haltung von Siamesen – vor allem natürlich von importierten Katzen – schwierig, sie erreichten selten ein Alter von mehr als drei Jahren. Meist fielen sie Erkältungen, Lungenentzündungen, Infektionskrankheiten zum Opfer.

Heute sind Siamesen, wenn sie aus einer guten Zucht stammen, bei all ihrer fast zerbrechlich wirkenden Feingliedrigkeit überraschend robuste, widerstandsfähige Katzen. Man braucht sie dann auch durchaus nicht wärmer zu halten als andere Katzen, wie oft angenommen wird. Daß alle Katzen ein warmes Plätzchen lieben, ist etwas anderes. Darin macht die Siam bestimmt keine Ausnahme. Sonst aber sind 20 bis 22 °C Innenraumtemperatur, bei denen ja auch wir selbst uns wohlfühlen, völlig ausreichend. Zugluft jedoch können sie schlecht vertragen.

Siamkatzen, die zu kühl gehalten werden, bekommen mit der Zeit ein längeres, dunkleres Fell. Und zwar unabhängig davon, daß das Fell einiger Farbschläge, vor allem der Seal, ohnehin mit den Jahren nachdunkelt.

Das temperaturbedingte Dunklerwerden des Haarkleides hängt mit der seltsamen Tatsache zusammen, daß ganz allgemein ein Zusammenhang zwischen Dunkelfärbung (Melanismus) und kälterer Oberflächentemperatur (Hauttemperatur) sowie entsprechend geringerer Durchblutung besteht. Darauf ist auch zurückzuführen, daß gerade die weniger stark durchbluteten, schneller auskühlenden Hautbezirke der Points – also Maske bzw. Nasenpartie, Ohren, Beine, Füße und Schwanz – die dunklere Färbung entwickeln. Neugeborene Siamkätzchen, die gerade aus der gleichmäßigen Wärme des Mutterleibes kommen, sind völlig weiß; die dunklen Points bilden sich erst „mit der Abkühlung" in den ersten Lebenswochen aus.

Da die Dunklerfärbung des allgemeinen Haarkleides bei Siamkatzen unerwünscht ist, sollte man sie also nicht in zu kühlen Räumen halten.

Übrigens kann auch Licht (Sonnenlicht) Einfluß auf die Pigmentierung haben, vor allem auf die Farbe der Abzeichen. Man hat beobachtet, daß die Points bei Seals, die viel im Freien sind, blasser werden.

Dazu noch ein Hinweis: Siamesen bekommen manchmal einzelne hellere Haare in den dunklen Spitzenpartien. Das ist dann meist die Folge einer überstandenen Krankheit. Keine Sorge, solche „Stichelhaare" verschwinden ganz von allein wieder.

Bezüglich der Pflege des Fells ist die Siamkatze anspruchslos. Jedenfalls viel anspruchsloser als jede Langhaarkatze. Obwohl es – außer in der Zeit des Haarwechsels – eigentlich gar nicht unbedingt nötig wäre, ein so extrem kurzhhaariges Tier tagtäglich zu bürsten, sollten Sie es doch tun. Aus verschiedenen Gründen: Erstens, weil sie durch tägliches leichtes Bürsten am ehesten verhüten, daß das Tier, wenn es sich wäscht, zuviel feine Haare schluckt. Diese könnten sich dann im Verdauungstrakt zu Haarbällen (Bezoare) verfilzen, den Darm verstopfen oder den Darmausgang versperren. Zweitens, weil gerade die von Natur anfänglich etwas „wilde" Siamkatze durch regelmäßiges Bürsten handzahm wird und sich dann, falls es einmal nötig sein sollte, auch bei Krankheiten, Verletzungen usw. im wahrsten Sinne des Wortes leichter „behandeln" läßt. Drittens, weil es der Siamkatze ganz besonderen Genuß bereitet, wenn sie erst einmal daran gewöhnt ist, das Bürstenritual über sich ergehen zu lassen.

Gekämmt wird eine Siamesin mit einem stumpfzinkigen Metallkamm. Die Zinken sollen möglichst eng stehen.

Als Bürste eignet sich am besten eine für Babys geeignete oder eine nicht zu harte mit Naturborsten. Selbstverständlich auf keinen Fall eine Drahtbürste. Manche haben auch gute Erfahrungen mit Gummimassagebürsten gemacht.

Man beginnt mit der Haarpflege am Kopf und bürstet dann das Körperfell bis zur Schwanzspitze, vergißt auch das besonders zarte Bäuchlein und die Beine nicht. Nach dem Bürsten können Sie das Fell mit einem feuchten Rehleder oder mit den Handflächen von den letzten losen Härchen befreien. Dann glänzt es wieder wie Seide.

Zur Zeit des Haarwechsels, im Frühjahr und Herbst, muß auch das feine, eng anliegende Siamkatzenfell gründlich gebürstet werden, und zwar ein paarmal auch gegen den Strich.

Krallenpflege – das ist ein strittiges Thema. Manche meinen, man solle einer Katze grundsätzlich nie die Krallen stutzen, weil sie sonst Halt und Sicherheit beim Klettern verlöre. Außerdem würde sie die Krallenpflege selbst besorgen und die Überlängen an Bäumen oder am Kratzbrett in der Wohnung abwetzen.

Andere haben die Erfahrung gemacht, daß die Krallen einer nur im Zimmer gehaltenen Katze aber doch fast immer zu lang werden, und daß dies nicht nur manche unbeabsichtigte Verletzung beim Menschen verschuldet, die dann – notfalls vom Arzt – versorgt werden muß, sondern daß sich die Katze selbst damit weh tut oder schadet. Vor allem, weil sie mit ihren überspitzen Krallen überall leicht hängen bleibt. Es ist also häufig unerläßlich, die äußersten Spitzen (nur diese) mit einer Nagelzange, besser noch mit einem Clipper (mit Schutzvorrichtung), vorsichtig abzukneifen. Und zwar in der flachen Richtung, damit der Nagel nicht splittert. Der lebendige Teil des Nagels – man sieht das durchscheinende Blutgefäß – darf nicht verletzt werden. Am besten ist es, das Krallenschneiden die ersten Male dem Tierarzt zu überlassen und genau zuzusehen, wie es gemacht wird.

Übrigens, ein Kratzbaum oder -brett gehört selbstverständlich, neben Freßnäpfchen, Wasserschale, Katzenkörbchen und Katzenklo zur „Aussteuer" Ihrer Siamesin (erhältlich in Zoofachgeschäften). Zur Selbstherstellung eignen sich ein

Brett oder eine leere Papprolle aus einem Teppichgeschäft, beklebt mit einem Rest festgewebten Teppichs, am besten aus Sisal. Die Katze wird bei der Benutzung die verhornte Hülse ihrer Nägel los und bleibt nicht mehr überall hängen. Und Ihre Polstermöbel werden geschont.

Soll man eine Katze baden? Eine weiße Perser wird man bisweilen, auch wenn sie dagegen protestiert baden müssen,

Porträt einer gepflegten Siam Tabby Point.

67

bei einer Siamkatze sollte man getrost darauf verzichten. Die Gefahr einer Erkältung ist doch zu groß, und Shampoos können zu Hautreizungen führen. Ein Trockenbad mit Pflegepuder (es muß speziell für Katzen sein) ist in den Fällen zu empfehlen, in denen man das Tier gegen Ungeziefer schützen will. Der Puder wird am ganzen Körper, auch an den Pfoten und Ohren eingerieben und nach kurzer Einwirkungszeit gut ausgebürstet. Er ist genau nach Gebrauchsanleitung zu verwenden und vor dem Zugriff Unbefugter zu sichern.

Die Ohren sollten Sie jede Woche einmal inspizieren und nur, falls nötig, mit einem Wattebausch (bitte kein Wattestäbchen benutzen) und einem Tropfen Olivenöl ganz vorsichtig die äußere Ohrmuschel auswischen.

Zur Reinigung der Augenwinkel auf keinen Fall Watte nehmen, da leicht Fusseln an den Augenrändern hängen bleiben, was zu Reizungen führen kann. Am besten säubert man sie täglich zart mit einem angefeuchteten Papiertaschentuch und tupft hinterher mit einem trockenen nach.

Auch bei Katzen kann sich, vor allem durch sehr kalkhaltiges Wasser und zu weiches Futter, Zahnstein bilden, der ihnen Schmerzen bereitet und sogar zu Zahnausfall führen kann. Rechtzeitige Entfernung ist daher notwendig. Bitten Sie gelegentlich während eines Besuches beim Tierarzt darum, daß er die Zähne daraufhin anschaut und den Zahnstein ggf. entfernt.

Auch für die Siamkatze gilt:
Vorbeugen ist besser als heilen

Alle Katzen sind, solange sie sich nicht ganz schwer krank fühlen, schwierige Patienten. Die impulsive, heftig reagierende, willensstarke Siamesin gehört zu den schwierigsten. Es ist nicht einfach, ihr Medikamente, gleichgültig, ob Tabletten, Tropfen oder Pulver einzugeben und die Gewißheit zu haben, daß nicht das meiste „daneben ging". Mancherlei Tricks werden zu diesem Punkt verraten, aber ob sie wirklich helfen, ist Glückssache. Besser, viel besser ist es wirklich, so vorzubeugen, daß es zu Krankheiten und Unfällen möglichst gar nicht kommt. Dazu gehört:

1. Schutzimpfungen. In jedem Fall gegen Katzenseuche (Panleukopenie), Katzenschnupfen (Rhinotracheitis) und Leukose (Felines Leukämie – Virus FelV). Außerdem gegen Tollwut bei Katzen, die Auslauf haben oder die man auf Reisen mitnimmt.
2. Richtige Ernährung. Eine mit den Hauptnährstoffen, Vitaminen und Mineralien stets gut versorgte Katze hat die beste Widerstandskraft gegen Krankheiten, auch Infektionen.
3. Gute Pflege.
4. Ausreichende Bewegung, besonders wichtig bei Stubenkatzen.
5. Seelisches Wohlbefinden durch gleichbleibende Zärtlichkeit und Zuwendung.
6. Vorsicht und Umsicht.

Die Schutzimpfung gegen Katzenseuche, die vom Tierarzt vorgenommen wird, wird vom DEKZV für alle jungen Edelkatzen, bevor sie abgegeben werden, vorgeschrieben. Diese heimtückische Infektionskrankheit, die auch ansteckende Magendarmentzündung, Katzenstaupe, Katzenpest, Katzentyphus genannt wird, befällt ausschließlich Katzen. Sie wird durch einen Virus übertragen. Die Impfung schützt dagegen mit großer Sicherheit. Bei Siamkatzen findet die erste Impfung im allgemeinen in der achten Woche statt, die zweite 14 Tage später, also in der zehnten Woche. Der Impfschutz hält ein Jahr vor. Wiederholungsimpfungen jährlich. Der Termin ist für Siamkatzen unbedingt einzuhalten, weil diese Katzenrasse gegen die Panleukopenie überdurchschnittlich anfällig sein soll, vor allem in den ersten beiden Lebensjahren. Vom

Tierarzt bekommen Sie einen Impfpaß (Internationaler Impfpaß für Katzen). Man liest heute immer noch gelegentlich, daß Katzen, die die Seuche einmal überstanden haben, für ihr weiteres Leben dagegen immun sind; das wird jedoch von erfahrenen Tierärzten bestritten. Wiederholungsimpfungen sind also zur Vorbeugung auch in diesen Fällen erforderlich.

Gegen Tollwut sollte jede Katze, die Auslauf hat, vorbeugend schutzgeimpft werden. Eine Heilung der einmal ausgebrochenen Krankheit ist auch heute noch nicht möglich. Der Impfschutz hält zwei Jahre an und ist dann jeweils zu erneuern. Weitere Vorbeugungsmaßnahme: Auf Reisen den Kontakt mit fremden Tieren – vor allem mit deren Losung – vermeiden.

Eine durch Parasiten hervorgerufene Infektionskrankheit ist die Toxoplasmose, gegen die es keine Schutzimpfung gibt. Sie wird durch mit Zysten verseuchte Nahrungsmittel tierischer Herkunft (z. B. bei Katzen durch den Verzehr von Beutetieren) sowie Schmierinfektionen durch Tierkontakt übertragen. Heute gilt vor allem rohes oder ungenügend zubereitetes Fleisch als potentielle Infektionsquelle. Das Tier muß nicht selbst erkranken, sondern kann Zwischenwirt sein und möglicherweise Schwangere gefährden. Wir sollten also auf den Genuß rohen Fleisches verzichten und dürfen unserer Katze Fleisch und Innereien niemals roh anbieten, sondern müssen sie mit den für Fleisch üblichen Verfahren erhitzen bzw. kochen. Diese Maßnahmen verfolgen überdies den Zweck, die Katze vor einer Ansteckung mit der sogenannten Aujeszkyschen Krankheit zu schützen (vgl. „Einige praktische Fütterungsvorschläge"). Schwangere sollten sich, wenn Katzen in der Nähe sind, unbedingt vom Arzt auf Toxoplasmose untersuchen lassen. Um Gefahren auszuschließen und dennoch die Katze behalten zu können, kann man sie vorbeugend und aus Gründen der Sicherheit während der Dauer der Schwangerschaft mit einem vom Tierarzt verordneten geeigneten Medikament behandeln, das genau nach seiner Anweisung verwendet und vor dem Zugriff Unbefugter gesichert werden muß. Hilfreich ist es auch, wenn während der Schwangerschaft ein anderes Familienmitglied z. B. die Säuberung der Katzentoilette vornimmt und die werdende Mutter den allzu engen Kontakt mit der Katze vermeidet. Muß sie sich aber selbst um die Katze kümmern, sollte die Schwangere unbedingt Einweg-Gummihandschuhe tragen, wenn sie die Katze z. B. kämmt oder die Katzentoilette reinigt. Die Handschuhe sind gleich nach Gebrauch wegzuwerfen. Als letzten Ausweg kann man die Katze während der Schwangerschaft zu Freunden oder in eine gute Tierpension geben – dort muß man das Tier aber immer wieder besuchen, damit es sich nicht zu verlassen vorkommt.

Über weitere Grundlagen richtiger Ernährung und die notwendige Bewegung (Spiel) wird in den anderen Kapiteln das Wesentliche gesagt.

Daß auch die Sorge für ein ständiges seelisches Wohlbefinden der Katze zugleich eine Gesundheitsvorsorge bedeutet, wird sie vielleicht überraschen. Die unablässige, nie unterbrochene liebevolle Beziehung zu „ihrem" Menschen und eine ausgeglichene harmonische Stimmung sind gerade für die sensible Siamkatze unentbehrlich. Fühlt sie sich glücklich, sicher und „angenommen", stärkt das ihr Lebensgefühl und damit ihre Abwehrbereitschaft gegen Krankheiten jeder Art. Ist das Gegenteil der Fall, wird sie anfällig. Der Wiener Tierarzt Dr. Ferdinand BRUNNER (Tierpsychologische Beratungsstelle) hat festgestellt, daß Katzen, die längere Zeit von „ihrem" Menschen zu wenig beachtet wurden oder sich auch nur vernachlässigt fühlten, nicht nur psychisch, sondern auch physisch krank wurden. Mußten sie längere Zeit den gewohnten engen Kontakt vermissen (sie konnten ja nicht „begreifen", daß die Menschen dafür wahrscheinlich triftige Gründe hatten), dann konnte das Gefühl des Kontaktbruches dazu führen, daß ihr seelisches Gleichgewicht gestört wurde und die verschiedensten Krankheitssymptome die Folge waren: Völlige Appetitlosigkeit („Trauerverhalten"), Erbrechen, Durchfälle, Verstopfung, Krämpfe, Speichelfluß. Sobald die Ursachen der Erkrankung entdeckt und behoben waren, verschwanden diese „Symptome"!

S. und H. DENHAM haben auf Grund ihrer Erfahrungen darauf hingewiesen, daß die Gemütsstimmung bei Siamkatzen nicht nur zur Vorbeugung von Krankheiten, sondern auch zu deren Überwindung beiträgt. Sie schreiben in ihrem Buch „The Siamese Cat": „Der eine sichere Unterschied, den wir zwischen Siamesen und anderen Katzen bemerkt haben, ist, daß Siamesen, wenn sie ernstlich krank werden, weniger Lebenswillen zu haben scheinen, daß sie eher bereit sind, früher als Katzen anderer Rassen aufzugeben. Vielleicht leiden sie seelisch stärker, wenn sie sich elend fühlen, weil sie normalerweise so voller intensiven Lebens sind. Wichtig für den Besitzer ist es zu wissen, daß eine Siamesin besonders Aufmunterung braucht, wenn sie krank ist; ständige Gesellschaft und Beachtung geben ihr die beste Chance, wieder gesund zu werden. Dies bedeutet nicht, daß man ein großes Getue anstellt, sondern einfach, daß man nicht zuläßt, daß sich die Katze in sich selbst zurückzieht und sich schweigend in einer Ecke oder in einem Zimmer verkriecht. Noch mehr als bei anderen Katzen entscheidet bei einer Siamkatze die gute Pflege darüber, wie lange eine Krankheit dauert, und wie sie ausgeht."

Nun können Katzen ja aber nicht nur krank werden, sondern auch Unfälle haben, sich verletzen, verbrennen, verbrühen, vergiften. Auch hier ist Vorsorgen wichtiger noch als Heilen. Zumal bei der Siamkatze, die auf Grund ihrer Aktivität, Lebhaftigkeit und oft wilden Ausgelassenheit besonders gefährdet ist.

Zum Glück kommt sie durch ihr Geschick, ihre schnelle Reaktionsfähigkeit und Behendigkeit auch bei kritischen Situation oft ohne Schaden davon und lernt dann aus solchen Erlebnissen, selber vorsichtiger und etwas gemessener zu sein.

Allgemein aber gilt: Wer eine Siamkatze hat, muß für sie mitdenken.

Vorsicht, jene Eigenschaft, die für alle anderen Katzen charakteristisch ist, wird bei den Siamesen allzuoft durch andere Eigenschaften verdrängt: durch Draufgängertum, Übermut, Fahrlässigkeit im Spiel, Leichtsinn. Bei ihren Hoch-, Tief-, Weitsprüngen lassen sie sich oft zu gefährlichen Risiken hinreißen. Es bleibt dem Menschen nichts anderes übrig, als ein Extra an Vorsicht und Umsicht beizusteuern.

Gefahrenzone erster Ordnung ist natürlich die Küche mit ihren heißen Herdplatten, dampfenden Wasserkesseln, Kochtöpfen, Bratpfannen. Gefährlich sind generell alle elektrischen Geräte, alle Reinigungs- und Desinfektionsmittel, Insektensprays und -Puder, überhaupt alle Chemikalien, soweit sie nicht ausdrücklich vom Arzt für die Anwendung bei Katzen erlaubt sind. Auch in diesem Falle sind die Produkte auf jeden Fall vor dem Zugriff Unbefugter zu sichern.

Pflanzen, die für Ihre Siamkatze schädlich sind

Wenn Sie Ihrer Katze stets eine Schale mit Hafer- oder Grashalmen zur Verfügung stellen, wird sie Ihre Zimmerpflanzen wenig beachten. Und doch sollte man, um ganz sicherzugehen, keine giftigen Grünpflanzen und Schnittblumen – und es gibt eine Menge davon – in der Wohnung haben. Besser ist es auch, auf einen Wiesenblumenstraß zu verzichten, er könnte für Ihre Katze tödlich sein. Viele dieser „Wildpflanzen" sind geschützt und dürfen nicht gepflückt werden, und die meisten davon sind giftig. Alle für Ihre Siamkatze gefährlichen Pflanzen können hier nicht aufgezählt werden, nachstehend davon:

T o p f p f l a n z e n : Weihnachts- oder Adventsstern, Calla (Aronskelch), Christusdorn, Dipladenie, Hyazinthe, Oleander, Primeln, etc.

S c h n i t t b l u m e n : Christrosen, Maiglöckchen, Narzissen, Trollblumen, Skabiosen, Zypressen-Wolfsmilch, etc.

Gartenpflanzen und Sträucher: Eibe, Efeu, Fingerhut, Ginster, Heideröschen, Klatschmohn, Goldregen, Schneebeere, Seidelbast, Sadebaum (Strauch), Wilder Rosmarin, etc.

Wald- und Wiesenpflanzen Adonisröschen, Blauer Eisenhut, Buschwindröschen, Gelbes Windröschen, Anemonen, Aronstab, Herbstzeitlose, Kornrade (nicht zu verwechseln mit der ungiftigen Kornblume), Christrose, Hahnenfuß, Kuhschelle, Löwenzahn (Milchsaft im Stengel), Gefleckter Schierling etc.

Bei ihrem nächsten Einkauf im Blumengeschäft, wird man Ihnen auf Ihre Frage auch sagen können, welche Pflanzen ungiftig sind, und Sie bei der Wahl eines Straußes oder Blumentopfes entsprechend beraten.

Gefahrensignale

Wenn Sie Ihre Siamkatze richtig ernähren, sorgfältig pflegen und ihr liebevolle Zuwendung zuteil werden lassen, wird sie – abgesehen von einigen Infektionen, gegen die es aber Schutzimpfungen gibt – allgemein gegen Erkrankungen widerstandsfähiger sein.

Wenn jedoch einmal mehrere der im folgenden eingeführten „Gefahrensignale" auftreten, ist die Wahrscheinlichkeit einer – vielleicht ernsteren – Erkrankung besonders groß. Dann gilt grundsätzlich Folgendes: Niemals auf eigene Faust mit der kranken Katze experimentieren. Nie für Menschen bestimmte Medikamente, auch wenn sie Ihnen noch so „harmlos" erscheinen, verabreichen. Nur die vom Tierarzt verordneten Heilmittel anwenden und selbstverständlich genau in der vom Tierarzt vorgeschriebenen Dosis. Alle Präparate vor dem Zugriff Unbefugter sichern. Vor allem aber im Ernstfall den Tierarzt so bald wie möglich konsultieren. Eventuell vorher anrufen und dem Arzt die Symptome schildern. Bei Verdacht auf eine ansteckende Krankheit wird er dann vielleicht ins Haus kommen.

→ Allgemeine Hinfälligkeit, Schlaffheit,
  auffällige Teilnahmslosigkeit.
→ Mehrmalige Verweigerung der Nahrung, obwohl es sich
  um ein sonst gern gemochtes Gericht handelt. Allgemeine
  Appetitlosigkeit.
→ Kauern vor dem Trinknapf, ohne zu trinken.
→ Erbrechen von Futter,
  dazu weißlicher oder gelblicher Schleim.
→ Durchfall, wiederholt, übelriechend oder blutig.
→ Fieber.
→ Gesträubtes Fell.
→ Augen trübe. Halbgeschlossene Nickhaut
  (drittes Augenlid).
→ Wässern aus Augen und/oder Nase, Niesen, Husten.
→ Die Katze geht immer wieder zur Kloschüssel,
  offenbar um Wasser zu lassen, bringt es aber nicht fertig.

Einige der häufiger auftretenden gesundheitlichen Störungen und Krankheiten

Augenentzündungen. Durch Staub, Rauch, Zugluft oder Fremdkörper können Augenentzündungen entstehen. Die erkrankten Augen sind gerötet, es kommt zu wäßrigem Ausfluß. Bei eitrigem Ausfluß kann es sich um eine Bindehautentzündung handeln. Die Diagnose muß der Tierarzt stellen, zumal Augenentzündungen Anzeichen einer ernsten Erkrankung sein können.

Bezoare (Haarbälle). Wenn die Katze beim Putzen immer wieder lose am Fell hängende Haare verschluckt, können sich diese im Magen-Darmtrakt sammeln und zu Haarbällen verfilzen. Dies kann zu Verstopfungen oder gar Darmverschluß führen. Zur Vorbeugung sollte die Katze täglich gebürstet werden. Ferner muß sie stets Zugang zu frischem Gras haben. Gras verzehrt jede Katze mit Vergnügen. Es sorgt laufend für die Säuberung der Verdauungswege, da sich die verschluckten Haare an den einzelnen Grashalmen sammeln und dann mit

Eine kerngesunde Siam Lilac Point.

dem Kot ausgeschieden werden. Oder die Säuberung erfolgt durch Erbrechen. Es ist ganz einfach, Ihre Katze stets mit frischen Gras- oder Haferhalmen zu versorgen. Man sät Grassamen oder keimfähigen Hafer, der sich besonders gut eignet, in einer Schale oder einem Blumentopf aus, hält die Erde feucht, und in einigen Tagen beginnen die Samen zu sprießen. Sobald die Halme etwa 6 bis 8 cm hoch gewachsen sind, kann sich die Katze jederzeit selbst bedienen. Sie bekommen Hafer oder Grassamen in Tierhandlungen, die übrigens auch bereits in Plastikbehältern ausgesätes Katzengras führen, das nur noch zu bewässern ist. Zur Vorbeugung von Bezoaren kann man zweimal wöchentlich ein bis zwei Teelöffel Salatöl oder Sardinenöl geben. Dies hilft ebenso gegen Verstopfungen.

Bindehautentzündung. S. unter Augenentzündungen.

Blasenentzündung. S. unter Harnverhaltung.

Durchfall, der nur gelegentlich auftritt und nicht von anderen Kränkheitssymptomen begleitet wird, ist meist harmloser Natur. Milch, Sahne, Eier, führen bei vielen Katzen zu solchen leichten Verdauungsstörungen. Oft auch eine ungewohnte Nahrung. Diese Nahrungsmittel dann weglassen. Einfachste Hilfe: einen Tag fasten lassen. Unbedingt aber weiterhin mit Trinkwasser versorgen. Gegen leichten Durchfall hilft auch gekochte Leber, da diese stopfend wirkt. Bei anhaltendem Durchfall (Darmkatarrh) zum Tierarzt.

Erbrechen hat zum Glück bei Katzen meist harmlose Ursachen. Oft liegt es lediglich daran, daß zu hastig gefressen wurde. Bei Siamkatzen kann Erbrechen auch psychisch verursacht sein (Schreck, Kränkung). Weitere Ursachen sind zu heiße oder kalte Nahrung. Nahrung und Trinkwasser sollten stets Zimmertemperatur haben. Auch zu große Fleischstücke, Fischgräten, Knochenstückchen führen dazu. Schließlich auch die erwähnten Bezoare.

Harnverhaltung. Bei Verstopfung der Harnröhre durch Harnsteine oder -grieß, bei Harnröhrenreizung oder Blasenentzündung kann es zur Harnverhaltung kommen. Andauerndes lautes Miauen der Katze, die große Schmerzen hat und immer wieder vergeblich versucht, Urin auszuscheiden, durstig ist und öfter als sonst Wasser trinkt, deuten auf Harnverhaltung hin. Kater sind übrigens häufiger davon betroffen als Kätzinnen. Beobachten Sie Ihre Siamesin, ob sie ihr „kleines

Geschäft" verrichten kann. Drücken Sie auf keinen Fall an der prallgefüllten Blase herum, sie kann platzen, was für Ihre Katze tödlich ist. Der Tierarzt ist unbedingt schnellstens zu verständigen, der ins Haus kommen wird.

Hauterkrankungen. Ständiges übermäßiges Kratzen der Katze deutet auf Parasitenbefall oder Erkrankung der Haut hin. Da es, neben nicht ansteckenden, auch Menschen und Tiere ansteckende Hauterkrankungen gibt, sollte – sobald wie möglich – eine tierärztliche Abklärung erfolgen. Im fortgeschrittenen Stadium ist die Behandlung meist langwierig und schwierig. Auf sorgfältige Reinigung der Hände nach jeder Berührung der Katze ist zu achten, bis die Diagnose des Tierarztes vorliegt. Gegebenenfalls muß man selbst den Arzt aufsuchen.

Ohrenentzündung, Ohrmilben. Sowohl bei akuter Entzündung der Ohren als auch bei Ohrmilben-Befall zeigt die Katze das gleiche Verhalten. Sie ist unruhig, schüttelt den Kopf, legt ein Ohr oder beide Ohren flach und kratzt immer wieder das betroffene Ohr. Die Behandlung durch den Tierarzt muß auch in diesen Fällen schnellstens erfolgen, da eine Verschleppung zu einer Mittelohrentzündung, ja sogar zu Taubheit führen kann.

Verbrennungen, Verbrühungen, Vergiftungen. Niemals mit irgendeinem Mittel (Brandsalbe u. a.) behandeln, das für Menschen bestimmt ist. Es kann Stoffe enthalten, die für die Katze giftig und schon in kleinen Mengen sehr gefährlich sind, z. B. Karbolsäure. Bei Verbrennungen an der Pfote hält man diese unter fließendes kaltes Wasser, das lindert die Schmerzen. Bei größeren Verbrennungen und Verbrühungen sofort zum Tierarzt. Er wird außer der lokalen Behandlung auch kreislaufstützende Mittel verschreiben, die vorsichtig genau nach seiner Anleitung verwendet und vor dem Zugriff Unbefugter gesichert werden müssen. Auch bei Verdacht auf eine Vergiftung unverzüglich zum Arzt! Immer daran denken: Katzen sind gegen viele Chemikalien, Arzneimittel, Konservierungsmittel, die dem Menschen nicht schaden, überempfindlich. So sind z. B. Aspirin und Phenazetin für die Katze Gift. Auch Benzoesäure, die in den verschiedensten Konserven enthalten ist (Deklarierungspflicht), ist für die Katze ein schweres Kumulativgift, d. h. ein Gift, das nicht abgebaut wird, sondern im Körper bleibt. Niemals dürfen Säuren, Beizen, Lacke, Farben und Farbverdünner, Benzin, Petroleum, Insektenmittel, Desinfektionsmittel u. ä. so aufbewahrt werden, daß die Katze heran kann. Schon der Geruch kann ihr schaden. Unter Umständen können sie tödlich sein.

Verschluckte Fäden. Nicht nur junge, sondern auch erwachsene Katzen verschlucken manchmal Fäden oder Schnüre. Siamesen haben eine besondere Vorliebe für Wolle. Auch hier ist Vorbeugen das Wichtigste. Lieber Derartiges nicht als Spielzeug anbieten oder herumliegen lassen. Kommt man gerade dazu, wie die Katze einen Faden konsumiert, kann man vorsichtig versuchen, ihn am Ende wieder langsam herauszuziehen. Manchmal geht es. Sonst schneidet man ihn so kurz wie möglich ab und gibt der Katze ein bis zwei Teelöffel Salatöl. Niemals Abführmittel! Kommt der Faden mit dem Stuhlgang nicht wieder zum Vorschein, muß die Katze ein zweites oder drittes Mal Öl bekommen. Speiseöl schadet der Katze überhaupt nicht.

Verstopfung. Wird ihre Katze von tagelanger Verstopfung gequält, kommt es sogar zum Erbrechen, bevor oder kurz nachdem sie vergeblich ihr Katzenklo aufgesucht hat, wird der Tierarzt Ihnen voraussichtlich ein mildes, für Ihre Siamesin geeignetes Abführmittel verschreiben. Dieses genau nach seiner Anleitung verabreichen und vor dem Zugriff Unbefugter sichern. Niemals Rizinusöl oder ein für Menschen bestimmtes Abführmittel eingeben. Das wäre außerordentlich gefährlich für Ihre Katze. In leichteren Fällen von Verstopfung oder um dieser vorzubeugen, regelmäßig zwei- bis dreimal in der Woche zwei Teelöffel Speiseöl oder täglich eine Messerspitze Butter ins Futter geben. Kein Trockenfutter geben, besser einmal wöchentlich 50 g gekochte Rinds- oder Kalbsleber Ihrer Siam servieren und darauf achten, daß sie genug Wasser trinkt.

Wenn die Katze kaum Wasser trinkt, kann man ihr Essen ganz leicht salzen, weil dies ihren Durst anregt (An sich ist das Salzen des Katzenfutters nicht erforderlich, weil in der Nahrung von Natur aus genügend Natrium vorhanden ist.) Besonders Kater müssen unbedingt regelmäßig ausreichend Wasser trinken, täglich etwa $1/10$ Liter, weil sonst der Harn zu konzentriert wird und sich in späteren Jahren ein Steinchen (Urolithiasis) entwickeln kann.

Wunden. Kleine Verletzungen, Kratzer und leichte Bißwunden, die beim Spielen oder Herumbalgen mit einer anderen Katze entstanden sind, kaum bluten und nicht verunreinigt sind, heilen meist von selbst. Größere Verletzungen, tiefe Bißwunden von einem Hund, oder solche, die sich etwa zwei eifersüchtige Kater (so etwas gibt es!) bei ihrer wütenden Auseinandersetzung beigebracht haben und die stark bluten, müssen umgehend vom Tierarzt versorgt werden. Bis zum Eintreffen des Arztes sterilen Verbandmull – wenn vorhanden –, sonst ein sauberes Hand- oder Taschentuch fest auf die Wunde pressen, um großen Blutverlust zu vermeiden.

Würmer. Wenn Sie Ihr junges Siamkätzchen gesund und entwurmt (letzteres wird stets von den Züchtern routinemäßig gemacht) übernommen haben, werden Sie damit zunächst keine Probleme haben. Bei älteren Tieren entdeckt man Würmer – meist handelt es sich um Spulwürmer – erst dann, wenn sich diese im Kot zeigen, ausgehustet oder erbrochen werden. Aufgetriebener Bauch (vor allem bei Jungkatzen) und übler Mundgeruch, Abmagerung und struppiges Fell sind die Symptome. Manchmal kommt es zu leichtem Durchfall. Bei Bandwurmbefall finden sich auf dem Boden oder im Katzenkörbchen, im Kot oder um den After abgestoßene Bandwurmsegmente, die aussehen wie kleine Reiskörner. Symptome ähnlich wie oben geschildert, dazu kommt meist starker Hunger.

Beide Wurmarten sind artspezifisch und werden nicht auf Menschen übertragen. Der Tierarzt wird durch eine Kotprobe die Wurmart feststellen und Ihnen dann für Ihre Katze ein entsprechendes Mittel verschreiben. Es gibt sehr gute und wirksame Medikamente, aber achten Sie auf die genaue Dosierung, die nach dem Körpergewicht der Katze berechnet werden muß. Sorgen Sie auch dafür, daß die Medikamente nicht in die Hände Unbefugter geraten können. Die Wurmkur wird in den meisten Fällen – unter Berücksichtigung der genannten Vorsichtsmaßnahmen – nach etwa einer Woche wiederholt.

Zahnfleischentzündung. Zahnstein, kranke Zähne, Infektionen können diese Entzündungen verursachen. Gerötetes Zahnfleisch, übler Mundgeruch, Speichelfluß, Freßunlust, manchmal – wenn die Katze Schmerzen hat – reibt sie mit der Pfote um das Mäulchen, alle diese Symptome deuten auf eine Zahnfleischerkrankung. Nur der Tierarzt kann den Zahnstein entfernen, kranke Zähne behandeln oder ziehen, eine Infektion behandeln.

Zahnstein. S. unter Zahnfleischentzündung und im Kapitel „Katzenwäsche ist nicht alles".

Wie Sie Ihrer Katze Medikamente eingeben. Möglichst Ruhe, Sicherheit, Gelassenheit zeigen. Eine Katze – und die sensible Siamesin erst recht – spürt Unruhe sofort und reagiert selbst mit Panik. Vielleicht können Sie für die Verabfolgung der Medikamente eine Zeit abpassen, in der die Katze gerade „auf Ruhe geschaltet" hat. Sie müssen selbst ausprobieren, ob es besser ist, wenn Sie das Tier allein behandeln oder jemanden assistieren lassen. Leistet die Katze großen Widerstand, können Sie sie in ein Frottiertuch oder eine Decke wickeln. So halten Sie das Tier besser und schützen sich vor Kratzern. Die vom Tierarzt verordnete Tablette schieben Sie der Katze möglichst weit hinten auf die Zunge, dann halten Sie ihr das Mäulchen zu, bis sie geschluckt hat. Wird die Tablette vorher leicht eingeölt, rutscht sie besser. Flüssige Medizin mit dem

Futter zu vermengen, empfiehlt sich nicht, da die Katze es meist merkt und das Futter ablehnt. Es ist besser, diese Medizin mit einer abgerundeten Pipette seitlich zwischen Wangenhaut und Kiefer einzuträufeln. Mit einem Teelöffel geht es meist nicht so gut, weil dabei leicht etwas verschüttet wird. Sie haben dann keine Kontrolle, wieviel die Katze geschluckt hat. Bitten Sie Ihren Tierarzt beim nächsten Besuch, Ihnen das Eingeben von Tabletten und Tropfen sowie das richtige Festhalten der Katze zu zeigen und achten Sie darauf, daß die Medikamente nicht in die Hände Unbefugter geraten können.

Temperatur messen. Es ist ratsam, das Messen der Körpertemperatur Ihrer Katze dem Tierarzt zu überlassen, da es mit ungeübter Hand sehr leicht zu einer Darmverletzung kommen kann. Die Katze wehrt sich, wenn man ihre empfindliche Kehrseite berührt, und dabei zerbricht u. U. das Thermometer. Dagegen ist es ganz einfach und risikolos, den Puls Ihrer Siamesin zu zählen.

Puls zählen. Wie das Temperaturmessen gibt das Pulszählen einen Anhaltspunkt für eine eventuelle Erkrankung Ihrer Katze. Der Pulsschlag einer gesunden Katze liegt zwischen 110 und 140 pro Minute. Alles was darunter oder darüber liegt, deutet auf eine Erkrankung. Sie finden den Puls Ihrer Siamesin auf der Innenseite des Oberschenkels. Es genügt, falls die Katze nicht stillhält, 10 Sekunden zu zählen und dann mit 6 zu multiplizieren. Vielleicht üben Sie ein wenig das Pulszählen bei Ihrer gesunden Siam, dann kennen Sie den individuellen Pulsschlag und können besser beurteilen, wann er vom normalen Tempo abweicht.

Fertigkost und Hausmannskost

Wenn Sie den Katzentisch für Ihre erwachsene Siam decken wollen, haben Sie folgende Möglichkeiten:

„Na, knips doch endlich!" – Ein Herzensbrecher mit besonders schönen Abzeichen.

1. Selbstzubereitetes Futter,
2. Fertigfutter,
3. Eine Kombination von Fertigfutter und selbst hergestellter Hausmannskost. Ein solches Nebeneinander wird sich in den meisten Fällen empfehlen.

Fertigfutter ist ohne Zweifel am bequemsten, und man kann am wenigsten dabei falsch machen. Aber Voraussetzung ist, daß Ihre Katze es mag und es ihr auch bekommt. Katzen sind Feinschmecker, man kann sie daher schnell mit Leckerbissen verwöhnen, so daß sie die für sie gesündeste, abwechslungsreichste „Normalkost" nur widerwillig oder bei großem Hunger annehmen.

Dosenfutter und Trockenfutter

Fertigfutter für Katzen gibt es als Naßkonserven (in Dosen) und als Trockenprodukte. Trockenfutter ist etwa viermal konzentrierter, also nährstoffhaltiger als Naßfutter, da der Trockennahrung das Wasser bis auf 10 % entzogen wurde. Das müssen Sie berücksichtigen, wenn Sie Ihrer Katze die Menge des Futters zuteilen. Und noch ein weiteres ist unbedingt zu beachten: Eine Katze, die Trockennahrung bekommt, hat einen besonders großen Bedarf an Wasser. Ein Schüsselchen mit frischem Wasser muß daher immer bereitstehen. (Milch ist übrigens Nahrung und kein Ersatz für Wasser.) Wenn Sie beobachten, daß Ihre Katze zum Trockenfutter zu wenig Wasser trinkt – das kann vorkommen – sollten Sie ihr keine Trockennahrung mehr geben, weil sie sonst Verstopfung bekommt und ernsthafte Stoffwechselstörungen entstehen können.

Alleinfuttermittel

Im Gegensatz zu früheren Produkten, die als Vollnahrung (Alleinfutter) oder als Hauptnahrung bezeichnet wurden und sich durch ihre Inhaltsstoffe unterschieden, gibt es seit längerem die „Alleinfuttermittel" (so steht es auf dem Dosen- und

Packungsetikett). Die Alleinfuttermittel enthalten alle Bestandteile, die die Katze benötigt, in ausgewogener Menge: Neben den Hauptnährstoffen Eiweiß und Fett auch Kohlenhydrate zur Deckung des Kalorienbedarfs sowie die lebensnotwendigen Vitamine und Mineralstoffe. Die Katze benötigt neben einer solchen Fertigfutter-Nahrung nur noch ausreichend Wasser.

Katzen-Alleinfuttermittel besteht – je nach Sorte – aus Fisch, Geflügel, Innereien, Schlachtfleisch und sonstigen Eiweißfuttermitteln, es enthält außerdem Fett, Getreide, wie Hafer, Gerste, Weizen, Mais, sowie mineralische Futtermittel, Hefe und Vitaminzusätze.

Wie bereits erwähnt wurde, kann man bei einer Fütterung mit Alleinfutter nicht viel falsch machen, außerdem ist es der bequemste Weg der Fütterung. Viele Fachleute raten aber trotzdem, nicht ausschließlich Fertigfutter zu geben, sondern mit frischer, selbst zubereiteter Kost abzuwechseln.

Selbst zubereitete Katzenkost

Wer das Essen für seine Katze im wesentlichen selbst zubereiten möchte, weil ihm – oder der Katze – das mehr Vergnügen bereitet, der muß einiges über den Nährstoffbedarf wissen, damit er die richtige Auswahl trifft. Hier einige Angaben nach den neuesten wissenschaftlichen Erkenntnissen.

Durchschnittlich braucht eine erwachsene Katze, die in der Wohnung ein mehr oder weniger träges Leben führt, pro Tag etwa 50 bis 80 Kalorien pro Kilogramm Körpergewicht. Die Spanne ist so groß, weil der Nahrungsbedarf nicht nur vom Gewicht, sondern auch von Alter, Geschlecht, Temperament, Aktivität u. a. abhängt. Eine Siamkatze liegt auf Grund ihres sehr lebhaften Wesens im allgemeinen noch etwas über den angegebenen durchschnittlichen Bedarfsmengen. Rechnen Sie täglich ca. 85 Kalorien pro Kilo Körpergewicht, also z. B. für einen Siamkater von etwa neun Pfund pro Tag rund 400 Kalorien. Nur in dem Fall, daß er bei dieser Kost zunimmt, setzen Sie sie um ca. 10 % herunter. Die Gesamt-Tageskalorien sollten sie optimal etwa so verteilen:

Eiweiß   35 g = ca. 150 Kalorien (1 g Eiweiß = 4,1 cal)
Fett   10 g = ca. 100 Kalorien (1 g Fett = 9,3 cal)
Kohlehydrate 35 g = ca. 150 Kalorien (1 g Kohlehydrate =
                                      4,1 Kalorien)

1 Kalorie (Kcal) = 4,18 Joule (J)

Diese Tagesration für einen sehr agilen Siamkater enthält also ca. 80 g Trockenmasse (das ist das Futter nach Entzug der Feuchtigkeit). Das sind ca. 250 bis 300 g Feuchtfutter.

Diese Zahlen bedeuten natürlich nicht, daß Sie jeden Tag mit Nährwerttabelle und Briefwaage operieren müssen, um Fleisch, Leber, Niere, Fisch (die nur in gedünstetem bzw. gekochtem Zustand verabreicht werden dürfen, vgl. unten), Haferflocken, Reis, Gemüse für Ihren Liebling in den richtigen Mengen zu berechnen und abzuwiegen. Diese Angaben sollen Ihnen lediglich einen Anhaltspunkt, eine Orientierungshilfe liefern, falls Sie ab und zu einmal kontrollieren möchten, ob Sie mit Ihrer Hausmannskost in großen Zügen richtig liegen.

Die Auswahl der einzelnen „Nährstoffträger" kann natürlich ganz verschieden sein. So können z. B. die 35 g Eiweiß der Tagesration – wie Ihnen jede Nährwerttabelle sagen wird – durch eines der folgenden Nahrungsmittel beigebracht werden: 170 g mageres gekochtes Rindfleisch oder 200 g gekochtes Kalb-, Wild-, Hühner-, Schaf-, Kaninchen-, mageres Schweinefleisch oder 200 g entgrätetes gekochtes Kabeljau- oder Seelachsfilet. Fisch, Fleisch und Innereien dürfen niemals roh gegeben werden. Sie müssen mit den für diese Nahrungsmittel üblichen Verfahren gedünstet bzw. gekocht werden. Die Gründe dafür werden im Abschnitt „Einige praktische Fütterungsvorschläge" erläutert.

Aus den Mengenangaben ersehen Sie, welch enorm hohen Eiweißbedarf Katzen haben. Er ist doppelt so groß wie der von Hunden und überhaupt der größte von allen bezüglich ihres Nahrungsbedarfs bisher wissenschaftlich untersuchten Tieren. Eiweiß ist die Basis der richtigen Katzenernährung. Natürlich kann eine Katze auch mit weit geringeren Mengen als den angegebenen „existieren". Aber nur wenn Sie Ihre Siamkatze so eiweißreich wie möglich ernähren, kann sie wirklich die Lebensfülle entfalten und das Temperament entwickeln, das von Natur in ihr steckt.

Eiweiß allein ist jedoch nicht alles. Während lange angenommen wurde, daß Fett und Kohlehydrate (Stärke) in der Nahrung von Katzen nicht vertragen und auch nicht ausgewertet werden, haben die grundlegenden Forschungen englischer und amerikanischer Wissenschaftler ergeben, daß Katzen durchaus auch diese beiden Nährstoffe vorzüglich verwerten können. Stärke allerdings nur gekocht (sonst schwer verdaulich). Sie sollten also neben der Basisnahrung von gedünstetem bzw. gekochtem Fleisch und Fisch Milchprodukte, Eier, nicht mehr als zwei Stück wöchentlich, niemals roh, als Rührei gebraten, stets auch wechselnde Beilagen von Brot (verschiedene Sorten), gekochtem Reis, aufgeschlossenen Getreideflocken, gekochten Kartoffeln, gedünstetem Gemüse und dergleichen auf den Katzen-Menüfahrplan setzen. Dadurch beugen Sie außerdem Verstopfungen vor. Stärke- und fetthaltige Nahrung liefert, wenn die Gesamtkost genügend Eiweiß enthält, den Ausgleich für die noch fehlenden Kalorien (Brennstoffe). Daran hat gerade die lebhafte Siamkatze erhöhten Bedarf. Bekäme sie nicht genügend Kalorien durch Reis, Haferflocken, Brot u. a., würde sie einen Teil der wertvollen Proteine (Eiweiß) als Energiequelle verbrennen, statt sie zum Zellaufbau, zur Zellerneuerung und für andere wichtige Lebensfunktionen zu verwenden.

Es gibt aber noch einen weiteren Grund, warum vor einer reinen Eiweißnahrung – also auch reiner Fleischkost – dringend zu warnen ist. Sie stellt eine Mineralstoff- und Vitaminmangelernährung dar.

Prof. Patricia P. SCOTT (Royal Free Hospital School of Medicine, Universität London), die gemeinsam mit einem Forscherteam in langjähriger Arbeit die modernen wissenschaftlichen Grundlagen über den Nährstoffbedarf der Katzen wesentlich mitgeschaffen hat, betont, daß die Mineralzufuhr bei den Katzen, die ausschließlich mit hausgemachtem Futter ernährt werden, oft viel zu gering ist. Schwerwiegend ist vor allem der Mangel an Kalzium. Eine ausschließliche Fütterung mit Fleisch oder Fisch führt zu schweren Kalzium-Mangelerscheinungen am Skelett. Junge Katzen erleiden dann oft spontane Brüche der Wirbel- und Gliedmaßenknochen; ausgewachsene Katzen zehren von ihren Skelettreserven. Der Kalziumbedarf einer ausgewachsenen Katze beläuft sich pro Tag auf ungefähr 100 mg. In 200 g Rindfleisch sind aber nur 20 mg Kalzium enthalten. In 200 g Kabeljau 30 mg. Diese Zahlen zeigen deutlich, daß eine ausschließliche Fleisch-Fischdiät auf die Dauer zu ernsten Mangelerscheinungen führen muß.

Mineralstoffmangel ist aber nicht der einzige Schaden, der bei allzu einseitiger Fleisch-Fischernährung der Katze droht. Dazu kommen Vitaminmangelerscheinungen. Vitamin C, an das im allgemeinen immer gleich zuerst gedacht wird, ist für Katzen zum Glück überhaupt kein Problem, denn das kann ihr Körper selbst herstellen. Problematisch ist aber häufig die Versorgung mit dem für Katzen besonders wichtige Vitamin B_1 (Thiamin). Thiaminmangel führt nicht nur zu Appetitlosigkeit und Schwäche, sondern auf die Dauer zu Erbrechen, Krämpfen, ja, bei völligem Mangel sogar zum Tod.

Zu so schwerwiegenden Ernährungsfehlern kommt es allerdings selten. Sie sind durch vielseitige Mischkost im Grund ganz leicht zu vermeiden. Was die Geschichte bisweilen etwas schwieriger macht, sind die oft extrem einseitig fixierten Eßgewohnheiten unserer lieben Katzen. Darüber ist später noch einiges zu sagen. Hier zunächst einige Hinweise auf diejenigen Nahrungsmittel, die in der Katzenkost möglichst nicht fehlen sollten.

Vorzügliche Kalziumlieferanten sind Milchprodukte, vor allem Käse und Kondensmilch. Zwei Eßlöffel Kondensmilch oder 10 g Käsekrümel (Hart- oder Schnittkäse) genügen, um den halben Tagesbedarf der Katze an diesem wichtigen Mineralstoff zu decken.

Eine Mischung aus Kondensmilch und Wasser zu gleichen Teilen wird auch von den meisten Siamkatzen vertragen, während frische oder abgekochte Kuhmilch abgelehnt wird oder zu Durchfall führt. Übrigens mögen viele sehr gerne Quark, pur oder ins Futter gemischt.

Für die Versorgung mit Thiamin (Vitamin B_1) sind Hefeflocken oder Bierhefe (Reformhaus) von enormer Bedeutung. Ein paar Gramm decken den gesamten Tagesbedarf. Fast alle Katzen mögen Hefeflocken leidenschaftlich gern, und sie können davon nie zuviel bekommen. Es gibt bei diesem wasserlöslichen Vitamin keine Hypervitaminosen, d. h. eine Überdosierung ist nicht schädlich. Weitere wichtige Thiaminspender sind mageres Schweinefleisch (nur gekocht geben), Niere, Herz, Hirn (auch diese Nahrungsmittel nur in gedünstetem bzw. gekochtem Zustand verabreichen), Haferflocken, Vollkornbrot.

Vitamin A, an dem Katzen einen hohen Bedarf haben, steht fast immer reichlich zur Verfügung, weil die über alles geliebte Leber der wichtigste Lieferant dieses Vitamins ist. Leber jeglicher Art ist sogar so reich an Vitamin A, daß es bei zu üppiger und häufiger Fütterung damit zu einem unerwünschten Vitamin-A-Überschuß kommen kann. Weil viele Katzen in ihrer Vorliebe für Leber diese Mono-Diät durchsetzen möchten, hier eine Warnung: A-Hypervitaminose über längere Zeit führt zu Knochenauswüchsen, Gelenkstarre an den Vorderbeinen und Lahmen. Leber ist eine vorzügliche Katzenkost, aber auch hier gilt, daß man selbst vom Besten zuviel bekommen kann. Der Wochenbedarf an Vitamin A wird durch 50−70 g in wenig Butter und etwas Wasser gedünstete Rinderleber gedeckt.

Gedünstete Niere vom Kalb oder Schwein sowie gekochte Kalbsmilz sind, nicht ausschließlich verfüttert, empfehlenswert. Wenn man sie richtig zubereitet, gehören sie zu den Leib- und Magengerichten vieler Katzen und stellen eine vorzügliche, an Eiweiß, Vitaminen und Mineralstoffen reiche Nahrung dar. Sie wirken weder stopfend noch abführend.

Karotten sind für Katzen keine brauchbare Quelle für Vitamin A, weil die Katze – als einziges Tier – das in der Karotte enthaltene Karotin nicht zu Vitamin A umsetzen kann.

Wem dies alles zu kompliziert erscheint, der sollte doch das eine daraus entnehmen: Jede allzu einseitige Kost – auch wenn es teuerstes, bestes Filet wäre – ist auf die Dauer nicht gut. Wirklich zuträglich ist nur eine vielseitige Nahrung. Wenn Sie es bei Ihrem Liebling, weil er der erzieherisch stärkere Teil Ihrer Partnerschaft ist – doch einmal zu einer einseitig festgelegten Ernährung haben kommen lassen, sollten Sie alles dran setzen, mit Gduld und eiserner Konsequenz der Katze nach und nach auch andere Speisen interessant zu machen. Nicht mit Zwang und Härte, sondern mit List und Katzenpsychologie. Machen Sie das „Neue", das bisher Verschmähte, keines neugierigen Schnüfflers gewürdigte Gericht rar, knapp und wertvoll. Bieten Sie es zunächst in allerkleinster Menge wie eine Kostbarkeit an. Und zwar nur dann, wenn die Katze hungrig und in Eßlaune ist.

Wenn Sie keinen Erfolg haben sollten, nehmen Sie das Portiönchen wieder fort und stellen Sie es ihr nach einiger Zeit erneut hin. Gelingt es wieder nicht, machen Sie einen dritten Versuch oder präsentieren Sie ihr das Verschmähte für die Nacht. Vielleicht ist es morgens zu Ihrer Überraschung verzehrt.

Bei solchen „Umerziehungsaktionen" ist oft wochen- oder monatelange Geduld nötig. Gibt man nicht nach, sondern versucht es immer wieder einmal, erwischt man vielleicht irgendwann einen Moment, in dem die Katze aus unerfindlichen Gründen Appetit auf Neues hat, und gegen alle Erwartung probiert sie etwas aus, das sie vorher noch nie eines Blickes gewürdigt hatte. Und vielleicht wird dann diese neue Nahrung in den von ihr gnädig akzeptierten Speisezettel aufgenommen.

Eine vorzügliche Methode, speziell einer Siamkatze ein neues, unbekanntes und daher abgelehntes Futter schmackhaft zu machen, ist, es ihr die ersten Male von Hand zu geben. Aber Vorsicht! Siamesinnen mögen es so leidenschaftlich gern, von Menschenhand gefüttert zu werden, daß sie alles daransetzen werden, diese Methode ständig einzuführen.

Noch ein Trick, zunächst abgelehnte Speisen verführerischer zu gestalten, ist, etwas von der Lieblingsspeise beizumengen. Manchmal genügen etwas mild gewürzte Leberwurst oder ein Teelöffel Hefeflocken, um ein neues Gericht interessant zu machen.

Die Katze sollte von Anfang an zu abwechslungsreicher Kost erzogen werden, da eine spätere Umgewöhnung, wie erwähnt, oft recht schwierig ist.

Die Gewöhnung an möglichst vielseitige Nahrung macht auch das „Verreisen mit Katze" viel leichter. Wenn Sie Ihre Siamesin auf große Fahrt mitnehmen, gibt es sonst immer wieder Probleme, falls sie einen allzu engen „Gaumenhorizont" hat.

Ist sie eine Fisch-Liebhaberin, werden Sie sie z. B. an der Adria wahrscheinlich zufriedenstellen können. Ist sie aber ausschließlich auf Niere erpicht, wird es schwierig. Sie können nicht Tag für Tag mit Ihrem Wagen ein Dutzend Ortschaften an der dalmatinischen Küste abklappern, auf der Suche nach „Bubrezi" (Nieren)!

Auf Reisen zahlt es sich aus, wenn Sie Ihre Katze auch an Fertigfutter gewöhnt haben. Sie dürfen nicht vergessen, die entsprechenden Dosen und Knabberfutter-Kartons von zu Hause mitzunehmen. Und zwar lieber etwas mehr als zu wenig. Der Appetit auf Reisen ändert sich manchmal überraschend. Und auf keinen Fall die Hefeflocken vergessen!

Einige praktische Fütterungsvorschläge

Drei- bis viermal in der Woche Fertigfutter, an den übrigen Tagen etwa 200 g Frischkost (Muskelfleisch, stets mager und gekocht, und gekochte Innereien von Rind, Kalb, Schwein, Hammel, dann entgräteter und gekochter Fisch und gekochtes Geflügel) in möglichst wechselnder Zusammenstellung, z. B.:

→ 100 g in etwas Butter und wenig Wasser gedünstete Niere, 100 g gekochter Fisch

→ 100 g mageres, gekochtes Schweinefleisch, 125 g gekochte Kalbslunge

→ 125 g mageres, gekochtes Rindfleisch und 50 g wie die Niere gedünstete Leber

→ 100 g gekochtes Geflügel und 100 g gekochte Kalbsmilz.

Alles jeweils verteilt auf zwei bis drei Mahlzeiten.

Dazu täglich als Beilage ca. 10 g Haferflocken oder andere Getreideflocken oder Reis, alles gekocht. Nach Belieben auch etwas zerkrümeltes Brot oder Teigwaren.

Einen Eßlöffel Gemüse (Mohrrüben, Blumenkohl, Tomate, Spinat, Sellerie) gedünstet oder überbrüht. Kräuter und Salat können feingeschnitten roh gegeben werden.

Außerdem zwei bis drei Eßlöffel Kondensmilch, die Sie am besten zu gleichen Teilen mit warmem Wasser verdünnen können, oder 10 g Käsekrümel.

Eine Handvoll Trockenfutter (ca. 20 g) zum Knabbern zwischendurch oder nachts.

Eier werden von manchen Katzen schlecht vertragen. Dann soll man auf sie verzichten. Sonst kann man ein bis zwei Eier in der Woche verfüttern. Die Eier dürfen niemals roh der Katze gegeben werden, sondern als Rührei gebraten. Hartgekochte Eier führen zu Verstopfung.

Siamesen knabbern oft gern an Knochen herum. Man sollte ihnen aber nur Kalbsknochen geben, von denen Sie gern das restliche (gekochte) Fleisch abknabbern. Auf keinen Fall Splitterknochen, Geflügelknochen und dergleichen.

Alles Katzenfutter muß zimmer- bis körperwarm sein. Zu kaltes Futter – vielleicht gar direkt aus dem Kühlschrank – kann zu schweren Magen- und Darmstörungen führen. Das gilt auch für eiskalte Getränke. Auch zu heißes Futter schadet. Salzen ist nicht angebracht, allenfalls ganz wenig.

Fleisch und Innereien sollen in etwa kirschgroßen Stücken verfüttert werden. Sie dürfen der Katze niemals roh gegeben werden, da der Genuß rohen Fleisches und roher Innereien bei der Katze zu einer Virusinfektion, der Aujeszkyschen Krankheit, führen kann, die meist mit dem Tode endet. Man muß sie daher stets mit den für diese Nahrungsmittel geeigneten Verfahren dünsten bzw. kochen.

Fisch darf nur gekocht gegeben werden, da roher Fisch ein Antivitamin (Thiaminase) enthält, wodurch das wichtige Vitamin B_1 zerstört wird. Die Gräten, auch die kleinen, müssen sorgfältig entfernt werden.

Ernährungsmangel bei selbst zubereiteter Kost (zu wenig Mineralstoffe und Vitamine) lassen sich am einfachsten dadurch ausgleichen, daß, wie vorgeschlagen, auch Fertigfutter gegeben wird und daß die Katze etwas Trockenfutter bekommt.

Das Knabbern ist gleichzeitig Zahnpflege und Übung für die Kaumuskeln. A propos Zahnpflege: Geben Sie Ihrer Katze nie Süßes!

Da Niere zu den wertvollsten und beliebtesten Katzengerichten gehört, hier ein bewährter Vorschlag für die Zubereitung: Nieren waschen, der Länge nach halbieren. Weiße Stränge entfernen, unter fließendem Wasser die Nierenhälften gut abspülen und einige Minuten in kaltem Wasser liegen lassen. Dann herausnehmen und dünsten. In bohnengroße Stücke schneiden und mit einer kleinen Beilage lauwarm „servieren". Für eine Mahlzeit rechnet man 80–100 g.

Hier noch einige Tips, wie Sie sich, falls ein Tiefkühlschrank zur Verfügung steht, die Versorgung Ihrer Katze bequemer und problemloser machen können.

Kalbsmilz: 1 bis 2 Kalbsmilzen in Stücke von ca. 200 g teilen, diese einzeln in Alufolie wickeln und tiefgefrieren. Bei Bedarf eine Portion kurz in warmes Wasser legen, Alufolie entfernen und das noch gefrorene Stück Milz in ⅜ Liter kochendes Wasser geben, dazu noch zwei gehäufte Teelöffel Reis und eine Spur Salz. Nach dem Aufkochen 35 Minuten zugedeckt auf kleiner Flamme simmern lassen. Empfehlenswert: etwas kleingeschnittenes Suppengrün (frisch oder tiefgefroren) hinzufügen und mitgaren. Milz wie die Niere zerkleinern, Flüssigkeit bis auf einen kleinen Rest abgießen, alles vermischen und lauwarm verfüttern. Ergibt zwei Portionen.

Rindfleisch: roh, in 100-g-Portionen in Alufolie tiefgefrieren. Für die Mahlzeit das Fleisch ohne Folie auftauen lassen, kochen, abkühlen, in kleine Stücke oder Streifen schneiden und mit etwas Beikost verfüttern.

Leber: roh, in 50-g-Stücken in Alufolie tiefgefrieren (wie oben beschreiben). Sie wird der Katze aufgetaut, gedämpft und abgekühlt, in Streifen geschnitten gegeben.

Tiefkühlfisch: 1 Portion (ca. 80−100 g) wird ca. 20 Minuten auf kleiner Flamme gegart und abgekühlt, nach sorgfältiger Entfernung aller Gräten, serviert.

Tiefkühlkrabben: (eine allerdings etwas kostspielige Delikatesse für Katzen) für eine Mahlzeit ca. 70 g in ganz wenig Wasser 2 Minuten kochen. Sie sind ja bereits gegart im Handel erhältlich und sollen nur aufgetaut und erwärmt werden. Sollten die Krabben mit etwas Salz tiefgefroren sein (steht auf der Packung!), bitte vor der Zubereitung mit warmem Wasser gut abspülen.

Noch ein Rat zum Schluß: Geben Sie Ihrer Katze, auch wenn sie sehr versessen darauf ist, kein geräuchertes oder gepökeltes Fleisch, keine geräucherten Fische und keine Wurstwaren. Ausnahmsweise einen Teelöffel mildgewürzte, nichtgeräucherte Leberwurst.

Und bitte nie vergessen: In das gesäuberte Trinknäpfchen täglich frisches, zimmertemperiertes Wasser füllen.

„Und es bewegt sich doch!" – Zwei junge Seal Point-Siamesen gemeinsam auf der Pirsch.

„Siamesen" ohne Maske

Da das spezifische Siamfärbungsmuster – sehr helles Fell mit dunkleren Abzeichen (Points) – beim Weiterzüchten rezessiv (zurückweichend) zu einfarbig und dominant (überdeckend) zu Albino ist, sind weitere neuartige Farb-Varietäten verschiedenster Art möglich. So wurden seit Mitte der 50er Jahre aus der Siamkatze die inzwischen schon sehr beliebt gewordenen masken- und abzeichenlosen einfarbigen Orientalisch-Kurzhaarkatzen (OKH) herausgezüchtet, die sich nur durch die grüne Augenfarbe von den Siamesen unterscheiden. Sonst haben sie, in Typ und Charakter, absoluten Siam-Standard, der auch offiziell für sie gilt.

Übrigens können bei Paarungen zweier reingezüchteter Orientalisch-Kurzhaarkatzen immer wieder gelegentlich reinerbige Masken-Siamesen in der Nachkommenschaft vorkommen, die dann als Siamesen weiterzüchten.

Die unter der Bezeichnung Orientalisch-Kurzhaar geführte Gruppe trägt die Farbnummer 29 sowie a, b, c usw. Die Foreign White hat die Farbnummer 35. Die einfarbige Foreign White, die keine Spitzenfärbung hat, wird zuweilen zu den Orientalisch-Kurzhaarkatzen gezählt, ist aber ihrer blauen Augen wegen den Siamkatzen zugeordnet.

Wenn Sie einen Spielgefährten für Ihre Siamkatze suchen, wäre – auch vom Temperament her – eine Orientalisch-Kurzhaar vorzüglich geeignet. Sie wird als „gemäßigte Siamesin" charakterisiert, hat ein weniger wildes Temperament, ist ebenso anpassungsfähig, lernbegierig und spielfreudig, außerdem ausgeglichen und harmonisch.

Diese schlanken, eleganten Katzen vom reinen Siamtyp gibt es bereits in allen Siam-Farbschlägen, also Seal, Chocolate, Blue, Lilac, Tabby, Red, Tortie und Cream. Außerdem in den Farben Havana und Ebony (Schwarz). Jährlich kommen neue Varianten durch verschiedene Kreuzungen hinzu, so daß es bis heute – nun werden Sie staunen – 60 in Farbe und

Zeichnung unterschiedliche Orientalisch-Kurzhaarkatzen gibt. Die Fellzeichnung – große oder kleine, runde oder ovale Tupfen, Bänder, spiralförmige oder halsbandähnliche Zeichnung, Flecken, Ringmuster, Streifen etc. in heller oder dunkler Schattierung der erwähnten Farben – ist außerordentlich vielfältig. Gezüchtet werden diese OKH vor allem in England, Holland und Deutschland.

Besuchen Sie doch bei nächster Gelegenheit eine Katzenausstellung – die am Ende des Buches genannten Zeitschriften informieren über Ort und Zeit dieser internationalen Veranstaltungen –, und Sie werden bestimmt über die Schönheit dieser Prachtexemplare entzückt sein. Vielleicht entdecken Sie dort sogar Ihre Lieblings-Siamesin.

Als erste Orientalisch-Kurzhaar-Varietät wurde im Jahre 1958 in England die **Havana** (Nr. 29) offiziell anerkannt. Sie heißt auch Orientalisch-Kurzhaar-Braun (Chestnut Brown Foreign). Sie hat ganz Siam-Charakter, ist immer wach und lebhaft, dabei anhänglich und zärtlich. Die Havana wurde aus der Siam Chocolate Point und einfarbigen Kurzhaarkatzen der Schlankform herausgezüchtet. Ihr Haarkleid ist gleichmäßig durchgefärbt (self coloured), entsprechend der Milchschokoladenfarbe der Chocolate Point. Es ist kurz und eng am schlanken, muskulösen Körper anliegend. Sie hat, wie alle OKH, strahlend grüne Augen. Nasenspiegel und Fußballen sind zimtfarben-rosa.

Vielleicht die rassigste Orientalisch-Kurzhaar ist die in den 70er Jahren als Reinzucht anerkannte, aber schon seit Jahrzehnten gezüchtete **Ebony** (Nr. 29 sb), bei uns auch Orientalisch-Kurzhaar-Schwarz genannt. In England wird sie auch Self Seal Siamese bezeichnet, was deutlich ihre Herkunft verrät. Hier gingen die Züchter planmäßig von Seal Point Siamesen und einfarbigen europäischen Kurzhaarkatzen aus und erzielten eine schwarz durchgefärbte Katze vom Siamesentyp. Ebony hat also den gleichen schlanken, langgestreckten Körper, die gleichen grazilen Beine, den gleichen schmalen, keilförmig zur Nase zugespitzten Kopf, die großen, an der Basis weit offenen, wach spielenden, aufgerichten Ohren, das kurze, feine Fell, das hier jedoch ebenholzfarben bis lackschwarz ist. Auch die Ebony hat strahlend grüne Augen. Nasenspiegel und Fußballen sind schwarz.

Lilac (Nr. 29 c), bei uns auch Lavendel genannt, ist eine aus Siam Lilac Point und einfarbigen schlanken Kurzhaarkatzen herausgezüchtete gleichmäßig hellgraue, rosa überhauchte Orientalisch-Kurzhaar-Varietät. Sie hat apfelgrüne Augen und Nasenspiegel und Fußballen in einem warmen Grau. Auch sie ist in Typ und Wesen ganz Siamesin, graziös und kraftvoll. Man sagt, die Lavendel sei besonders sanft.

Foreign Blue – also Orientalisch-Kurzhaar-Blau – stellt eine gleichmäßig silbrig-blaugrau ausgefärbte Varietät der Siam Blue Point dar. Durch ihren grazilen Siamtyp unterscheidet sie sich deutlich von den anderen blauen Kurzhaarrassen, so von der im Bau gedrungenen Kartäuserkatze, der halbschweren Russisch-Blau und der plüschiger wirkenden blauen Burmesin. Die Augen sind leuchtend grün, Nasenspiegel und Fußballen schiefergrau.

Die **Foreign White** (Nr. 35) wird seit 1962 in England und Holland auf der Basis von Maskensiamesen und Europäisch-Kurzhaar-Weiß systematisch reingezüchtet. Man hat sie das „lichte Pendant" zur dunkelmaskierten Seal Point genannt. (Dieser spielte bei der Züchtung eine besondere Rolle.) Die White ist bei allem Temperament so „engelhaft weiß" wie Seal Point Siamesen oft „wild" und „schwarz" sind. Ihr makelloses Haarkleid sollte möglichst keinerlei isabellenfarbenen, gelblichen Ton haben. Im übrigen entspricht auch sie im Typ dem Siam-Standard. Etwas ganz Wichtiges: auch die Augen der Foreign White haben das leuchtende Blau der Seal Point Siamesen, also nicht das Grün der Orientalisch-Kurzhaar-Katzen. Die Foreign White wird der blauen Augenfarbe wegen den Siamkatzen zugeordnet. Trotz der blauen Augen ist bei diesen weißen Rassekatzen nicht zu befürchten, daß sie taub sind. (Sonst findet sich bei weißen und blauäugigen Katzen – auch bei Persern – häufig angeborene Taubheit.)

Havana, Ebony, Lilac und die andern Orientalisch Kurzhaar sind hervorragende Rassekatzen, die den ihnen verwandten Maskensiamesen heftige Konkurrenz gemacht haben. Wie das zahlenmäßige Verhältnis zwischen Siamesen und Orientalisch Kurzhaar heute bei uns ist, läßt sich nicht feststellen, da im Zuchtbuch des Kurzhaar-Zuchtamtes des 1. DEKZV Siamesen und Orientalisch-Kurzhaar gemeinsam aufgeführt werden.

Nicht mit Orientalisch-Kurzhaar zu verwechseln: die Burmakatze

Aus einer Mischung von Siam- und Burmakatze sind nach vielen züchterischen Experimenten und einer seit den siebziger Jahren zuerst in USA und dann in England vorgenommenen systematischen Reinzucht die heutigen **Burmakatzen** entstanden.

In ihrem exotischen Typ und auch im Charakter sind sie den Siamesen immer noch ähnlich, obwohl der für die Burmakatze neu festgelegte Standard (am 9. 5. 1973 vom britischen GCCF anerkannt) bemüht ist, die Burmakatze im Typ möglichst stark zu profilieren und gegenüber der Siamkatze abzusetzen. „Ähnlichkeit mit dem Siamtyp" wird für die Burmesin sogar als „Fehler" gewertet. Trotzdem läßt sich die Verwandtschaft nicht verleugnen. Die Burmakatze ist nicht minder anhänglich, lebhaft, verspielt, gescheit, lernbegierig als die Siamesin, und sie ist auch gut leinenführig.

Die Burmesin hat keinerlei Abzeichen (also auch keine Maske), sondern ist durchgehend einfarbig. Es gibt verschiedene Farbschläge und zwar in den Abzeichenfarben der Siamesen: Schwarzbraun, Blau, Lila usw. Obwohl die Burmesin keine Spitzenfärbung hat, sind auch bei ihr meist Ohren und Nase etwas kräftiger gefärbt. Ihr Fell ist sehr fein, kurz, enganliegend und glänzend. Die schräg zur Nase stehenden

Augen sind goldgelb bis chartreusefarben. Ein Blauschimmer wäre bei der Burma ein Fehler.

In den USA gibt es seit Mitte der siebziger Jahre auch eine lackschwarze Varietät der Burmakatze, der man den Namen Bombay gegeben hat (orangefarbene Augen).

Als Gespielin für eine Siamkatze ist eine Burmesin nicht so gut geeignet wie eine Orientalisch-Kurzhaar. Ein erfahrener Züchter (H.-G. SCHOLER) hat darüber Erfahrungen mitgeteilt: „Lebt eine Burmakatze mit einer Siamkatze zusammen, so versucht sie mit allen Mitteln, ihre dominierende Rolle zu spielen." Was die Siamesin natürlich nicht besonders gut verträgt. Kater und Katze mögen hier, wenn beide kastriert sind, trotzdem ein harmonisches Paar geben.

Kreuzungen aus einfarbig brauner Burma und Siam Seal Point werden als **Tonkanesen** bezeichnet. Diese mischerbigen, zunächst einheitlich mittelbraun gefärbten Katzen gibt es heute in den Farben Natural Mink (Nerzfarben), Honey Mink, Champagne Mink, und Blue Mink. Sie sind auch bei uns häufig anzutreffen. Allerdings werden sie von der FIFE nicht anerkannt, weil sie nicht reinerbig sind. In den USA haben sie einen eigenen Standard und sind dort, wie auch bei uns von nicht der FIFE angeschlossenen Verbänden, anerkannt.

Die langhaarigen Maskenkatzen

Anfänger unter den Edelkatzenliebhabern meinen oft, jede Katze, die eine Maske habe, sei eine Siamkatze. Sie halten z. B. eine **Seal-Colourpoint** wegen ihres langen Fells für eine „dicke Siamkatze". Das trifft natürlich nicht zu. Wohl aber sind alle Maskenkatzen – ob Langhaar oder Kurzhaar – miteinander verwandt. So züchtete man die Colourpoint planmäßig aus Perser und Siam, um eine Perserkatze mit Siam-Spitzenfärbung, also farblich kontrastierenden Points, zu erhalten. Diese Maskenkatze der Langhaargruppe ist im Unterschied zur kurzhaarigen schlanken Maskensiamesin im

Körperbau und in ihrem langen seidigen Fell (mit ausgepräg-
ter Krause) ganz Perser. Man rechnet sie daher zu Recht zu
den Perserkatzen. Die Colourpoint, die übrigens anfänglich
Khmer genannt wurde, hat einen kurzen, stämmigen, gedrungenen Körper, runden Kopf, kurze Nase, kleine Ohren und
dichtes, seidiges Langhaar. Nur die Farbe des am Körper
hellen Haarkleides und die dunklen Abzeichen an Kopf,
Beinen und Schwanz sowie die strahlend blauen, großen,
wachen, lebhaften Augen verleihen diesen schönen, inzwischen viele Generationen hindurch reingezüchteten Langhaar-
katzen auch deutliche Siamzüge. Das trifft sogar für ihr Wesen
zu. Colourpoint können die gute Portion Siamesentempera-
ment, die sie mitbekommen haben, nicht verheimlichen. Sie
sind viel lebhafter und kontaktfreudiger als die anderen Perser. Heute werden Colourpoint nicht nur aus Seal Point,
sondern auch aus den anderen Siam-Farbschlägen entwickelt.
Dabei werden sie unter folgenden Rasse- und Farbnummern
geführt:

13b Colourpoint (Khmer)

Nr. 1 Seal-Colourpoint	Nr. 4 Lilac-Colourpoint
Nr. 2 Blue-Colourpoint	Nr. 5 Red-Colourpoint
Nr. 3 Chocolate-Colourpoint	Nr. 6 Tortie-Colourpoint

Die zweite nicht zu den Kurzhaarrassen zählende Maskenkatze und Siamverwandte ist die **Birma** („Heilige Birma"), die
seit den zwanziger Jahren bei uns bekannt, aber nicht sehr
häufig anzutreffen ist. (Nicht zu verwechseln mit der kurzhaarigen Burmakatze.) Die Vorfahren sollen in Birma (Hinterin-
dien) als Tempelkatzen gelebt haben. Dies ist jedoch ebenso-
wenig historisch gesichert wie der angebliche „Tempelkatzen-
status" der Siamesin.

Man war sich lange nicht einmal darüber einig, wer eigentlich zuerst da war: die Siam oder die Birma. So verfocht der
französische Forscher Augste PAVIE lange die abenteuerliche
These, daß die Siamkatze von der Heiligen Birma abstamme

und zwar aus einer Kreuzung mit der annamitischen Katze.

Der Birma sieht man viel stärker als der Colourpoint die Siamverwandtschaft an. Sie hat einen längeren Rücken, eine längere, gerade Nase, recht große, aufrecht stehende, spitze Ohren – deutliche Züge, die an die Siamesen erinnern. Ganz anders natürlich ist ihr stämmiger, niedriger Körperbau und vor allem das halblange seidige Fell mit der üppigen Haarkrause am Hals. Birmakatzen werden mit den Siamabzeichenfarben Seal Point (goldfarbenes Haarkleid, Maske und sonstige Abzeichen kontrastierend schwarzbraun) und als Blue Point (silberblaue Maske und Abzeichen) gezüchtet. Die runden, wachen Augen sind blau.

Besonders charakteristisch für die Birma sind die vier reinweißen „Handschuhe" an den Pfoten. (Bei Siamesen wären sie ein großer Fehler.) Rasse- und Farbnummern: 13c Birma Nr. 1: Seal Point; Nr. 2: Blue Point.

Schließlich noch ein paar Worte über die dritte langhaarige Maskenkatze aus der Siamverwandtschaft, die **Balinesin**. Sie hat seidiges, halblanges Haar mit dunklen Abzeichen an Kopf, Beinen und Schwanz. Die Balinesen sollen die Nachkommen zweier amerikanischer Kurzhaar-Siamesen sein – angeblich ohne Seitensprung. Genetisch ist dies nicht ausgeschlossen, da die Erbanlage für Langhaar gegenüber der Erbanlage für Kurzhaar rezessiv ist. Also kann auch bei Kurzhaarkatzen die Anlage für Langhaar „verborgen" vorhanden sein. Inzwischen sind von dieser Spielart (vielleicht handelt es sich auch um Mutanten) genügend Generationen reingezüchtet worden. 1963 wurden die Balinesen in USA voll anerkannt.

Die Balinesin hat im Körperbau den schlanken Siamtyp, sie hat eine ähnliche keilförmige Kopfform, ebenfalls ein langnasiges Gesicht, große an der Basis offene Ohren und blaue Augen. Auch ihr Wesen ist typisch Siam. Sie soll allerdings etwas weniger stimmgewaltig sein. Die langhaarigen Balinesen werden in den vier klassischen Siamfarben Seal Point, Blue Point, Chocolate Point und Lilac Point gezüchtet.

Nationale und Internationale Verbände

Deutschland:
1. Deutscher Edelkatzenzüchter-Verband e. V.
(1. DEKZV e. V.), Berliner Straße 13, 6334 Aßlar,
Telefon (0 64 41) 84 79.
Im 1. DEKZV e. V. bestehen 78 Gruppen und 15 Interessen-
verbände.

Argentinien:
Asociacion Felina Argentina, Av. Santa Fe 3133 10A
RA-1425 Buenos Aires.

Belgien:
Ca Club de Belgique, 7, Rue l'Homme Chretien,
B-1000 Bruxelles.

Brasilien:
Clube Brasileiro do Gatto CBG, Rua Itatiba 31 Pacaembu,
BR-CEP 01248 Sao Paulo.

Dänemark:
Landsforeningen Felis Danica, Tryggeveldevej 145,
DK-2700 Broenshoej.

England:
The Cat Association of Britain, Mill House, Letcombe Regis,
GB-Oxon, OX 12 9JD.

Finnland:
Suomen Rotukissayhdistysten Keskusliitto (SRK) r.y.,
Relanderinaukio 1 C 23, SF-00570 Helsinki.

Frankreich:
Federation Feline Francaise, 75, Rue Claude-Decaen,
F-75012 Paris.

Angeschlossen sind acht weitere Clubs.

Holland:

Felikat, Postfach 272, NL-2280 AG Rijswijk.
Mundikat, Kerkstraat 12, NL-9649 GR Muntendam.

Italien:

Federazione Felina Italiana, Via Principi d'Acaja 20,
I-10138 Torino.

Jugoslawien:

Zveza Felinoloskih Drustev Slovenije (ZFDS),
Kraigherjeva 7, YU-Celje.
Felinoloska Drustvo Kamnik (FD Kamnik), Groharjeva 12,
YU-61240 Kamnik.
Felinolosko Drustvo Maribor (FD Maribor), Grajska ul. 5,
YU-62000 Maribor.

Liechtenstein:

Aristocats, Fallsgasse 249, FL-9493 Mauren.

Luxemburg:

Lux Cat Club, Postfach 526, L-2015 Luxembourg.

Malaysia:

Kelab Kucing Malaysia, 1271. B. Jalan Sg. Sekamat, kajam,
43000 West Malaysia.

Mexiko:

Asociacion Felinofila, Mexicana AC (AFEMEX),
Cerro del Otate 20, MX-Mexiko DF 04310.

Norwegen:

Norske Rasekattklubbars Riksforbund (NRR),
Frognersetervn 24 b, N-0387 Oslo.
Angeschlossen sind 26 weitere Clubs.

Österreich:

Klub der Katzenfreunde Österreichs (KKOe),
Castellezgasse 1/8, A-1020 Wien.

Österreichischer Verband für die Zucht und Haltung von Edelkatzen (ÖVEK), Liechtensteinstraße 126, A-1090 Wien.

Polen:

Stowarzyszenie Hodowcow Rasowych w Polsce, ul. Bonifacego 79 m. 31, PL-02 945 Warszawa.

Portugal:

Clube Portugues de Felinicultura, R. Joaquin Ereira 1195, P-2750 Cascais.

Rußland:

The All-Union Cat Club Association, M. Fedorenko St. 4-2-387, SU-127599 Moscow.

San Marino:

Federazione Sammarinese Feline (Fe.Sa.Fe.), 17, Via L. Cibrario, RSM-47031 Callungo.

Schweden:

Sveriges Raskattklubbars Riksforbund (SVERAK), PL 4094 A, S-52400 Herrljunga.
Angeschlossen sind 42 weitere Clubs.

Schweiz:

Federation Feline Helvetique, Helvetischer Katzenverband, Federazione Felina Elvetica,
Buentacher 22, CH-5626 Hermetschwil-Staffeln.
Angeschlossen sind 12 weitere Clubs.

Singapur:

Singapore Cat Club, P.O. Box 315, Orchard Point Post Office, Singapore 9123.

Spanien:

Asociacion Felina Espanola (ASFE), Paseo de Extramadura 8, 10C, E-28011 Madrid.

Tschechoslowakei:

Cesky Svaz Chovatelu, Soukenicka 6, CS-602 00 Brno.

Ungarn:

Magyar Macskabaratok es Tenyesztok Egyesuelete (MMOE), P.O. Box 68, H-1725 Budapest.

Anschriften von Siamkatzenclubs in den verschiedenen Ländern sind von den vorstehend aufgeführten Verbänden zu erfahren.

Alle genannten Verbände sind der FIFE (Fédération Internationale Féline d'Europe) angeschlossen. Die FIFE sorgt für die Vereinheitlichung der Standards und ist Dachorganisation der nationalen Katzenzuchtverbände.

England hat einen eigenen Dachverband, das Governing Council of the Cat Fancy (GCCF), Witley, Surrey. In den USA und Kanada gibt es viele selbständige Katzenzuchtvereine. Ebenso in Südamerika und Australien.

In Deutschland gibt es unzählige private Clubs, Vereine, Verbandsgruppen, die nicht der FIFE angeschlossen sind. Die Anschriften werden gelegentlich in der Verbandszeitschrift „die edelkatze" des 1. DEKZV e.V. veröffentlicht und sind auch dort zu erfragen.

Zeitschriften

„die edelkatze"
Zeitschrift des 1. Deutschen Edelkatzen-Verbandes e.V., Berliner Straße 13, 6334 Aßlar. Nicht im Handel erhältlich, sondern im Abonnement oder einzeln beim 1. DEKZV e.V. zu bestellen. Erscheint alle zwei Monate.

„Katzen extra"
Ist im Handel erhältlich. Jährlich 12 Ausgaben. Herausgegeben vom Symposion Verlag, Postf. 61 02 65, 7000 Stuttgart 61.

Wird es in meinem Leben immer Whiskas geben?

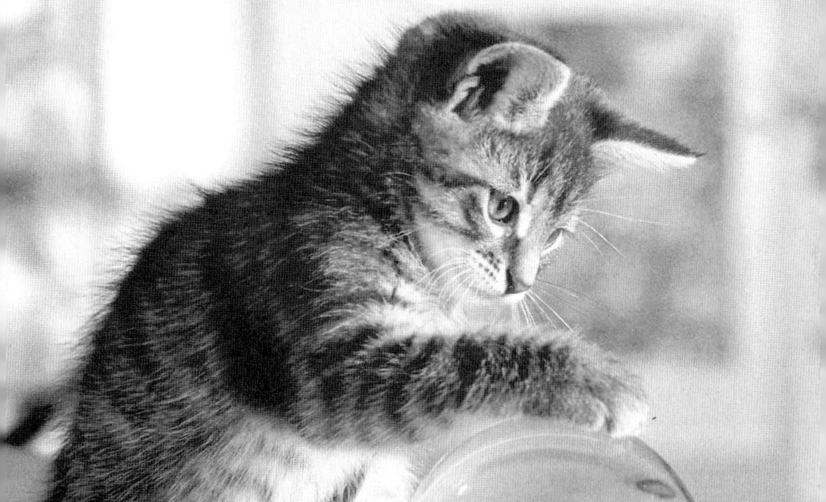

Typisch Whiskas® Katzenkinder.
Voller *Übermut*, wenn's um was Neues geht: die dritte
Sorte Whiskas® für Katzenkinder - <u>mit Weißfisch.</u>

Das sorgt nicht nur für leckere Abwechslung,
sondern läßt die Kleinen auch *spielend* groß
werden.

Katzen würden Whiskas® kaufen.

Landbuch-Verlag GmbH, Postf. 160, 3000 Hannover 1

Praktischer Ratgeber für das Leben mit der Katze

Käthi Knauth

Die Katze in der Wohnung

2., überarb. Auflage,
80 Seiten, 8 Farbfotos,
18 Schwarzweißfotos, 2 Zeichnungen,
12×16,5 cm, kart., 9,80 DM

Für alle, die sich mit einer Katze ein Stück lebendige Natur ins Haus holen und dem Tier ein artgerechtes Dasein verschaffen wollen.

**Farben,
Varianten,
Rassen**

Käthi Knauth
Kurzhaarkatzen
112 Seiten, 20 Farbfotos,
17 Schwarzweißfotos, 12×16,5 cm,
kart., 9,– DM

Die verschiedenen Kurzhaarrassen
werden vorgestellt, ihr Wesen
beschrieben, ihre Haltung und
Pflege, von der gesunden
Ernährung bis zur Vorbeugung von
Krankheiten, ausführlich erläutert.